夢憶前朝

張岱的浮華與蒼涼

史景遷作品集 6

史景遷
Jonathan D. Spence

溫洽溢——譯

RETURN TO DRAGON MOUNTAIN

Memories of a Late Ming Man

目次

張岱家族族譜

—— ＝ 婚配

季叔（七叔）
燁芳
（?1585-1615）
千里馬

九叔
九山
（?1642卒）
戶科官員

十叔
煜芳
（?1644卒）
妄人

張岱堂弟

燕客
（?1646卒）
窮極秦始皇

培
（1607-1663）
盲醫

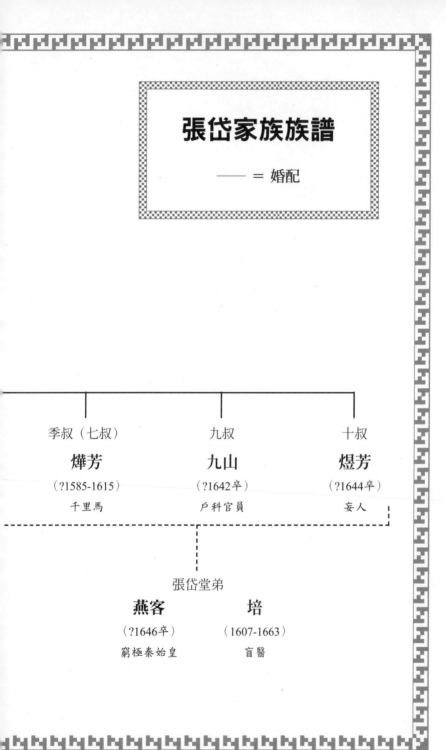

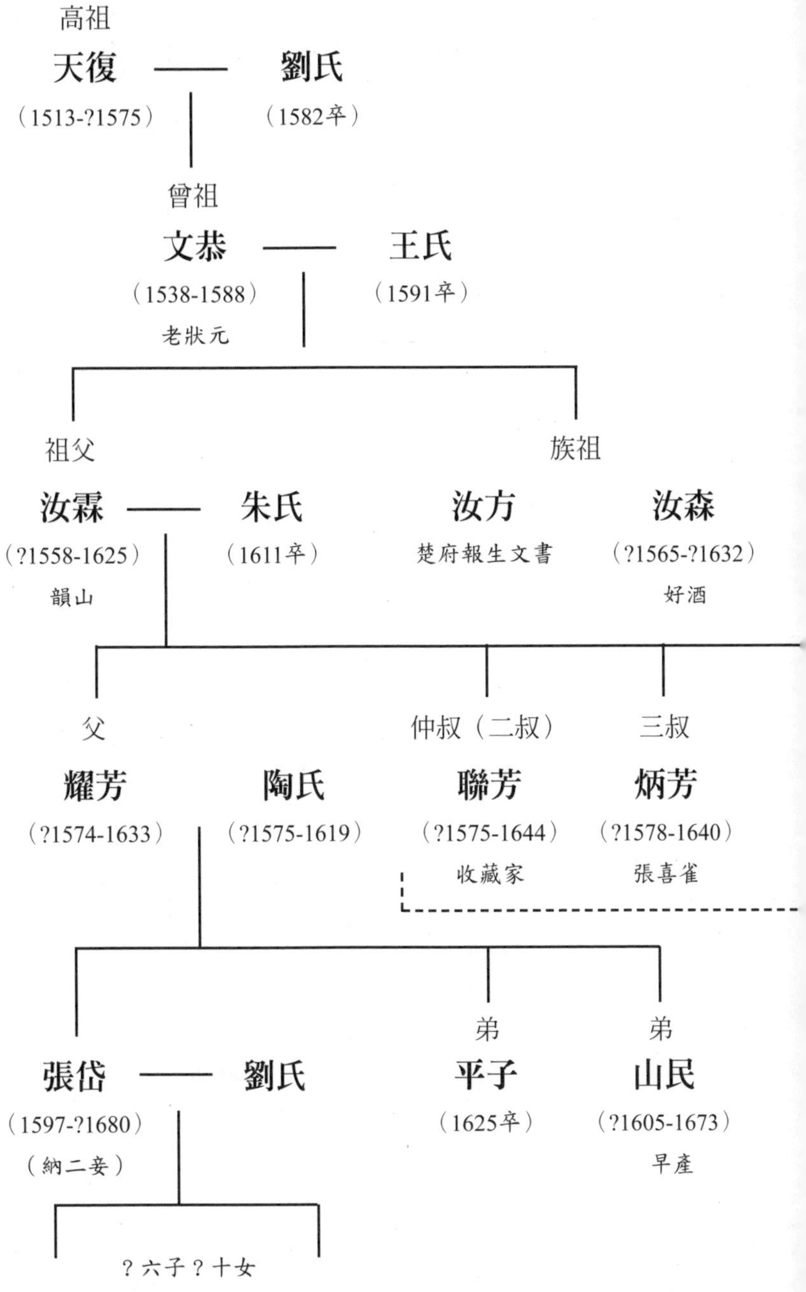
高祖
天復 —— 劉氏
（1513-?1575）
（1582卒）
曾祖
文恭 —— 王氏
（1538-1588）
老狀元
（1591卒）
祖父
汝霖 —— 朱氏
（?1558-1625）
韻山
（1611卒）
族祖
汝方
楚府報生文書
汝森
（?1565-?1632）
好酒
父
耀芳
（?1574-1633）
陶氏
（?1575-1619）
仲叔（二叔）
聯芳
（?1575-1644）
收藏家
三叔
炳芳
（?1578-1640）
張喜雀
張岱 —— 劉氏
（1597-?1680）
（納二妾）
弟
平子
（1625卒）
弟
山民
（?1605-1673）
早產
？六子？十女

張岱時代的中國
晚明中國國界
今日中國國界
今日中國省界
遼東
日本海
北京
黃河
臨清
山東
兗州
大運河
黃河
黃海
孟津
開封
陳州
清江浦
淮安
揚州
南京
局部放大圖
蘇州
杭州
揚子江
紹興
定海
寧波
東陽
臺州
武昌
子江
東海
福建
州
台灣
廣西
南海

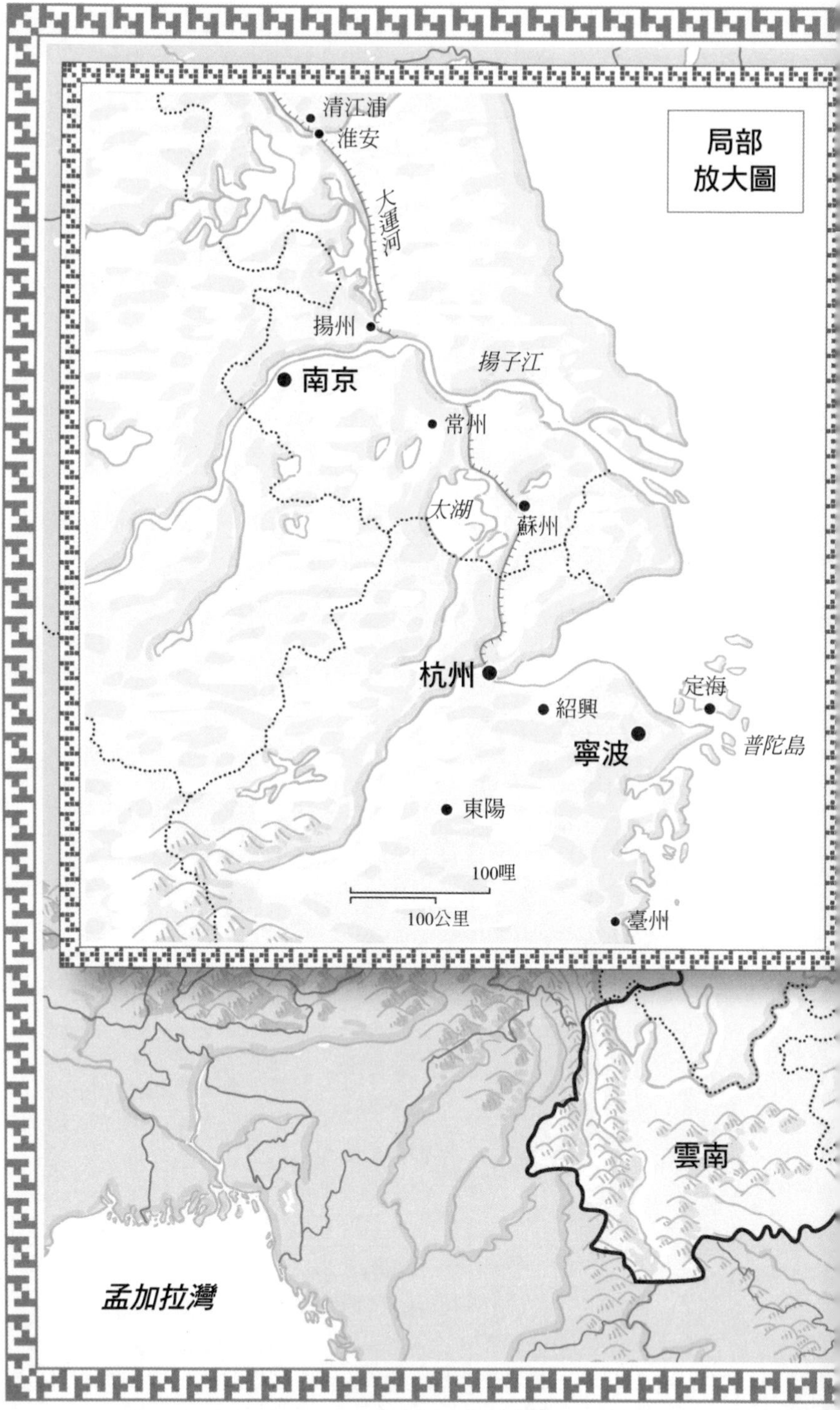
局部
放大圖
清江浦
淮安
大運河
揚州
揚子江
南京
常州
太湖
蘇州
杭州
紹興
定海
寧波
普陀島
東陽
100哩
100公里
臺州
雲南
孟加拉灣

繁體中文版序

話說五十年前在耶魯大學研究所，我開始師從芮瑪麗（Mary Wright）讀了點中國史，很快就對滿清在十七世紀中葉入主中國感到著迷。博士論文選擇研究曹家（曹雪芹家族）與康熙皇帝，是因為我特別發現到，曹寅跟康熙的關係很親，而康熙身為皇帝對政事與日常生活寫下的文字紀錄竟是出人意料地直白寫實，所以曹寅成為我第一本書的主角。後來，我用更多的著作研究康熙與其子雍正，以兩位皇帝的奏摺為史料，試圖釐清他們眼中的統治為何物。整體而言，這兩人無疑皆為意志剛強的明君，雖然有時對漢人百姓恐威脅其帝位不免偏執，但對我來說，一六六一至一七三五年兩人在位期間，是中國漫長歷史難得一見的盛世。

我因而慢慢對清之前的明朝感興趣，試著研究明亡的原因，也愈來愈想瞭解明朝仕紳階層失落的是什麼，因為如不是十分珍貴，他們也不會寧可自殺（甚至是全家人尋死），而不願受清朝統治；同時，原來的社會一定非常富足，讓他們的生活太值得去玩味。或許這也間接證明了晚明是中國史上文化最繁華的時期。為了思考朝代之更迭，我需要新的著力點，但遍尋不得。直到接觸到張岱的《陶庵夢憶》，我明白我已找到方向，能幫助我去思索四百年前的生活與美學。當然，張岱的知識之淵博與文化涵養實非我所能及，然而試圖理解他卻是愉快的經驗，即便並不輕鬆。當我在全書告罄之際跟他道別，我感覺到，因為有他，這本新近的書又把我拉回多年前最初的志趣。

序言

張岱生於萬曆二十五年（一五九七年），此時明朝國祚已賡續二百二十九年。明朝的年號是張岱唯一知道的時間度量——直到崇禎十七年（一六四四年），隨著明朝覆亡，一切皆歸灰飛煙滅。我們或許會認為，到張岱這一代，離明朝肇基已有一段悠遠的時間距離，造成幾乎不可能探究的思維幅度；但是對張岱來說，要胸懷如此浩瀚歷史，非但沒有嚴重的斷層感，只有歲月悠悠的心滿意足。目前大部分歸結出來的晚明日常生活，於他肯定皆平淡無奇。

長期以來，家庭生活注重錯綜的尊卑關係。晚輩與長輩同堂，必得順其意。婚姻大事由長輩安排，雖然富有人家的男性還可以另納個三妻四妾，但庶出之子在家裡的地位便次人一等。男性長輩形式上雖擁有無上權威，但實際掌握家庭財政瑣細，負責照料全家的是女人。在鼎鼎望族之家，母親或其他女性親人也會督促孩子的童蒙教育，不過之後漸漸由男性長輩接手，承擔教導年輕人參加科舉考試的責任；科考乃世家子弟的生活重心，競爭激烈的考試科目以儒家典籍為主。由於女性不得出仕或參加科考，所以能識文斷字的女性多是名門閨秀，這些人也成為通俗白話小說和史書的讀者，愛好吟詩作對。

舉凡攸關家道興衰的兆頭和預言，一般家庭都不會等閒視之，多半會成為家族軼事流傳下來。宗教信仰鼎盛，但能兼容並蓄；虔心向佛與祭祖、敬拜灶神和社稷之神完全不相衝突。孩童夭殤、女人難產身亡是常有的事，不過男人也一樣活不久，年過半百還能生龍活虎，就已是天大的福分、了不起的成就。

就工藝技術而言，中國自進入明朝就無特別出色的轉向。絲織和瓷器製造技術早已久負盛名，且水準之高，獨步全世界。能工巧匠輩出，除擅長冶金、玉雕、製造燈籠和漆器，亦專精茶、鹽、棉、陶器、家具等日常用品技術。水利工程占有一席之地，主要因河道、運河大量淤積，必須時常疏濬、築堤和排水。此外，天文與地理之學十分發達，除曆書精準關乎朝廷威望和天文曆算的正確度；同時，各省及邊疆有司丈量土地、繪製稅冊、糧冊的作業，也需要有可靠的地圖。中國在這些方面雖仍不斷尋求突破，國家的基本發展並沒有根本性的變革。

即便許多方面擺脫不掉歷史的承襲，但明代的文化領域可就不是如此停滯不前。張岱成長的年代，明代政經雖積弱不振，社會風氣卻活潑奔放，逸樂和標榜流行的氣氛，瀰漫在十六世紀末、十七世紀初的文化活動。[1]這是一個宗教和哲學上折衷主義（eclecticism）

的年代，所以我們看得到佛教改革派別及慈善事業大為興盛，女性受教育者日眾，同時一方面深究個人主義為何，卻也在擴大檢驗道德行為的基礎；有大膽創新的山水畫，最知名的戲曲、最有影響力的章回小說，細膩非凡的治國方略和政治理論，以及植物、醫藥、語言事典的編纂，這一切都構成了張岱的童年世界。正因為對知識和個人可能性的狂熱感，連連來自歐洲的天主教傳教士也被社會接受，吸收信徒，把宗教教義和道德哲學的作品，連同天文、算術書籍翻譯成中文，結交來自北京與各地官宦人家的文人。這些跨文化的衝擊體驗，張岱或多或少都瞭解，也留下不少他自己的思索看法，他寫過很多當時流行的東西，除了小說和短篇故事以外。[2]

不過雖說是一切照舊，有些變遷已在悄悄衝擊張岱的世界，其中之一就是明代人口的大幅擴張。雖然沒有精準的數據，但地方和朝廷的各種紀錄顯示，明朝肇建時（一三六八年）的人口數大約是八千五百萬，到張岱出生時，人數已攀升至一億八千萬，或許還不止。[3]這無疑給土地和農耕帶來新的重擔，於是改良稻種使田地能一年收成兩次甚至三次，針對沼澤、沿海平地進行排水改良，砍伐高山森林，同時將人口刻意朝西南和東北地區遷徙，以減輕部分負擔。此外，西班牙人、葡萄牙人深入南美洲大陸和加勒比海地區，連帶把各式各樣的新奇作物橫渡太平洋帶到中國，只是當時少有人能感覺到它們對未來的深遠影響。這些包括有地瓜、玉米和花生，被發現能有效醫治瘧疾的奎寧等藥用植物，以及菸草等其他適合中國土壤的作物。有些西方貿易船隻帶來的是美洲大陸的白銀，用來購買中國的精美商品；當然也不乏有船隻運載著香料和稀有的藥用植物，如主要用於醫治痢疾的鴉片。

張岱的祖先或許是在一世紀前，也許更早，從與西藏交界的四川往東海遷徙，定居在上海西南二百里的紹興城。當時上海市鎮雖繁榮，但還稱不上商業中心，而紹興已是一個文化與經濟的重鎮。張家遷往紹興時，正巧遇上十六世紀農耕和土地所有權在地方的重大變革：有鑑於人口迅速攀升，同時挖溝疏濬以開墾利用的新地也不多，造成人均農業所得下降。許多在家鄉屬經營地主（managerial landlords）的大戶人家，開始往城市移動。這個階層原先在農村還能扮演領袖，成為小農和貪得無饜的朝廷之間社會和經濟衝突的緩衝；遷居城市後，漸漸脫離農業經營上的現實與挑戰，反而一頭栽進不在地地主（absentee landlords）那種愜意但只坐享其成的角色，把地產交給專門管理人與管家這批新的中間人管理。張家可能也遵循類似模式，因此張岱從小生活錦衣玉食，但社會責任感也相對薄弱。[4]

結果農業稅收大幅帶動的是城市生活的流行風氣，市鎮的文化多元，以及促進紹興等城市的規模與繁榮。龐大的財源幾乎沒有回流農村，去投資改善農耕技術或大型的灌溉排水工程。雖然毫無疑問，像紹興長期依靠河道與運河運輸民生物資，部分農家也因此能將農產品銷往這些新興城市，提高所得，然而城鄉在經濟和生活型態的差異日擴，已成社會的發展基調。

往昔的讀書人，特別是張岱大力推崇的讀書人，早已看出社會弊病所在，經常冒著丟官甚至喪命的危險，也要大聲疾呼。當然對張岱或歷代的有志之士來說，中央朝廷的集權，與在朝為官從政的文人官僚，都是他們要面臨的現實。也因拜這些所賜，張岱才得以穿透社稷之表象，瞭解暗藏的積弱不振，這確實很像他小時候愛看燈籠，彷彿其亮光可以照亮卜居城市的種種曖昧不明。

因當時朝廷修史與京城《邸報》每週新聞的傳播，明朝多位皇帝驚人的荒唐行徑也為市井小民所知。張岱出生時，在位的是明代第十四位皇帝萬曆，整個萬曆年間至一六二〇年（萬曆四十八年）為止，國政是一天不如一天。也許是這位皇帝種種怪異的行為舉止，激發張岱鑽研歷史，特別閱讀人物傳記更成為他終生的嗜好。張岱弱冠之時，因神宗深居內廷，宮裡的宦官是唯一可面見聖上的男性，很快就把持了朝政。有明一代，宦官一直大權在握，但因朝臣假道學、交相撻伐，惹惱萬曆皇帝，讓他難以忍受，往往好幾個月拒絕到外殿接見官員。為表反彈，文人和遭罷黜者開始結社倡議改革，雖議論酣熱，但對聖上或宦官表明造反，只有遭嚴厲整肅的下場，於是朝政日敗，如命在旦夕。

張岱對明史有很透徹的理解。上溯至十四世紀中葉，開國君主明太祖朱元璋出身農村，貧無立錐之地，一度還出家為僧，遊方四海。後來，朱元璋展現運籌帷幄的軍事長才、果敢的決斷能力，歷過經年征戰，驅逐蒙元的異族政權，一統天下。明太祖一方面分封諸皇子，另一方面在南京重建強大的官僚體系，透過組織地方上的大地主，完善農村的社會制度。明太祖性格暴躁，行事極端暴烈，但也以精明幹練、眼界開闊聞名。太祖把皇位傳給皇孫惠帝，新君學問淵博，對理想的中央集權方式有其見地，但太祖之子、惠帝之叔弒君，隨即踐阼，是為成祖。成祖自南京遷都北京，下令建造舟船，遠航至非洲東岸和波斯灣，宣揚天朝國威與成就。[5]

儘管這類遠洋航行因耗費不貲而作罷，但缺乏先祖雄才大略的後繼者，還是師法開國君主們酷愛誇耀，展露軍威的習性。幾任皇帝斥資重建北方殘缺不全的邊防城牆，成為後世所知的「長城」[6]，卻完全抵擋不住北方蒙古鐵騎虎視眈眈的侵擾。十五世紀中葉，明英宗自認神武，結果在土木堡之役中被蒙古人俘虜圈禁，付了贖金才獲釋。英宗最後又從繼承帝位的景帝手中奪回皇位，不過皇室蒙羞的印象已難以磨滅。十六世紀初，明武宗與宦官在皇城中舉行大規模的軍事演習，與宮女全在帳篷生活，此荒誕之行又耗費不知幾百萬兩。

十六世紀中葉，眼見東部沿海有大半遭倭寇劫掠荒蕪，明朝皇帝也只能束手無策。所謂倭寇，除了海賊，還有對朝廷不滿的地方領袖和沿海居民，當政者統稱「倭寇」，容易理解但不無誤導之嫌。至於東北邊防，在張岱出世前不久，萬曆皇帝曾有大膽之舉，他調遣兵馬、水師馳援朝鮮，成功協助朝鮮國王逐退興兵來犯的倭軍。這次出征雖大有斬獲，但到十七世紀初，靠近朝鮮邊界的部落開始結盟，在中國北邊集結成新興的潛在敵國。這股勢力與歸順的漢人通力合作，並以「旗」制編納混雜而成的新軍隊，自稱「滿洲」，宣布締建國號為「清」，於崇禎十七年（一六四四年）攻陷北京，終結明朝國祚。[7]

這些事情與北京明廷官僚龐然複雜的體系，張岱的理解或是透過閱讀，或是從家人口中得知。事實上，從一五四〇年代至一六四〇年代這長達百年的期間，張家有幾人在不同時間、不同層級任職於六部，並與朝廷首輔大學士還頗有淵源，家族也有多人在省級官衙當差。中國的行政體系層層節制，下起縣，中經像紹興這樣的城市，迄至省城，上達京師。張岱很清楚整個指揮系統的錯綜複雜，以及在朝為官伴隨而來的吉凶禍福。許多族人在京城等各地的親身經歷，他自孩提時代聽過後就深埋心底，也讓他立意要試著描繪官場的欺詐虛矯本質。為了求真，張岱認為毋須美化自家人的經歷。事實上，張岱的著述令人驚愕之處，就在於他坦言親人的苦難，甚至對父親和直系親人也沒有例外。

四十歲前，張岱的生活周旋在讀書與享樂兩端之間，但對張岱而言，這樣說也許不算恰當，因為做學問一樣是其樂無窮。的確，縱然鎮日苦讀卻多年不成，然而實實在在的讀書、反覆思索與記憶，卻讓他不得不認為能與歷代宗師為伍，本身就是無上榮耀。對張岱來說，歷代偉大的史家、詩人、文論家從不曾逝去，他們立下的標準經常是無人能及，光是要追上他們，就令人思之振奮了。

明朝滅亡時，張岱四十八歲，爾後他得去面對一個殘酷的事實：讓他活得多姿多采的輝煌明朝，被各種競逐的殘暴、野心、絕望、貪婪力量所撕裂，土崩瓦解，蒙羞以終。他反覆追思回想，事情愈是清晰：如迷霧籠罩的路徑，於眼前重現，諸多遺忘的嘈嘈低語，也咆哮四起。張岱喪失了家園與安逸的生活，書卷與親朋好友也已四散，如今他後半輩子的任務，就是要重塑、撐起毀壞前的世界。面對滿洲異族的統治，他已垂垂老矣，無力起而反抗，也無法再長年流離，於是他選擇賃居在名噪一時的名園「快園」，日子必須重新開始。

張岱的一生，就在崇禎十七年發生驚天動地的轉折：他早年撰述明史的夢想不得不面對冷酷現實，轉為闡釋王朝敗因。滿清問鼎中原，隨之兵禍不斷、烽煙四起，張岱在山僧的掩護下，輾轉避居南方山廟之間。張岱自言在那段浮萍飄零的歲月，還是隨身攜帶卷帙浩繁的明史手稿。這或許是實情，總之張岱約在一六七〇年代完成了這部巨製。現存的手稿影本顯示，當時這部書已可刊刻印行，不過整部著述到一九九〇年代才在中國問世，這使張岱並非以史書留名，反倒因簡短、警句式散文這種迥別的文體享有盛譽。

散文是晚明主要文體之一。散文講究文體雅致，竭盡所能雕章琢句，以彰顯作者的多才多藝，筆觸要敏捷、不拖泥帶水，以捕捉飄忽情緒或瞬間剎那，同時利用語氣上的對比或急轉直下，勾引且震驚讀者。張岱的成長過程中，這樣的文體一直很受歡迎，他自己後來也成為散文大家。從許多例子來看，馳名的散文大家同時也是遊記作家（travel writer）。他們以浪跡天涯、遊山玩水聞名，寄居名士之家，不斷四處流浪，敏於音調、悖論，能看他人所不能看，感他人所不能感，行文走筆雖扼要洗鍊，但也處處旁徵博引。

不過明亡後，到順治二、三年間（一六四五、四六年），張岱逐步體認到，這類文體特別適合追憶夙昔，把已淪喪的世界一點一滴從滅絕中搶救回來。北方農民叛軍和清兵入關並作，是明亡的兩大力量，然而張岱個人生命的巨大災厄，終究化為開啟他心房的鎖鑰，讓堆累蓄積的記憶釋放出來。張岱流離失所時撰寫的《陶庵夢憶》[8]手稿，篇幅雖短但感情豐沛，多虧受其友人保存，我們才有幸在日後分享他心靈永無休止的探索。

無論如何，張岱其人仍難以盡述。他曾享盡富貴卻也嘗盡磨難，不過從其現存著作卻透露，他甘於寓居在自己的內心世界。他不僅為自家子弟、忘年之交而寫，也為同為明朝遺民的同志而寫；張岱將鄉愁置於對當下的關懷之上，好壞自由後人評斷。他生於、長於龍山山麓，中年歸返龍山，只為將心中了然之事理個清楚。

我們不能說張岱是尋常百姓，但他的確比較像是尋常百姓，而非聞人。他既嗜癖歷史，也是史家，在旁觀的同時也付諸行動，既是流亡者也是鬥士，是兒子也是人父。他就像我們一般，鍾情於形形色色的人事物，不過他更是個挖掘者，試圖探索深邃幽暗之境。他理解到只要有人追憶，往事就不必如煙，於是他決心盡其所能一點一滴挽回對明朝的回憶。我們無法確信他訴說的每件事都真實無誤，但可以肯定，這些事他都想留給後世。

註釋

1 **明代社會**　英語世界有關明代社會的介紹，可參考《劍橋中國史》（*The Cambridge History of China*），第七冊，上卷，第八冊，下卷；《明人傳記辭典》（*The Dictionary of Ming Biography*），二卷；《明史研究》（*Ming Studies*）期刊，一九七五年至今，其中收錄明史學術領域風行的研究和新的出版品。另外，還有三本引介明代社會的佳作，卜正民（Timothy Brook），《縱樂的困惑》（*The Confusions of Pleasure*）；黃仁宇（Ray Huang），《萬曆十五年》（*1587, A Year of No Significance*）；柯律格（Craig Clunas），《長物志：早期現代中國的物質文化和社會狀況》（*Superfluous Things: Material Culture and Social Status in Early Modern China*）。

2 **張岱生平**　英語世界最早的傳記研究是房兆楹（Fang Chao-ying），〈張岱〉（Chang Tai），收錄在恆慕義(Arthur Hummel)主編，《清代名人傳略》（*Eminent Chinese of the Ch'ing Period*）。西方世界第一本全面性研究張岱名著《陶庵夢憶》的作品是卡發拉斯（Philip Kafalas），〈懷舊與閱讀晚明散文：張岱的陶庵夢憶〉(Nostalgia and the Reading of the Late Ming Essay: Zhang Dai's Tao'an Mengyi)（一九九五年）。筆者還受惠於胡益民在二〇〇二年出版的兩本張岱研究，以及佘德余在二〇〇四年出版的張岱家世研究。李漁（一六一〇至一六八〇年）幾與張岱同一時代，作品類似。就像張岱，李漁是讀書人，也是情感豐富的專業作家，領有表演戲班。有關李漁，可參考韓南（Patrick Hanan）引人入勝的著作，《李漁的獨創》（*The Invention of Li Yu*）。另外，還可參考Brigitte Teboul-Wang的《陶庵夢憶》法譯本（一九九五年）。

3 **明代人口** 相關數據援引自《劍橋中國史》，第八冊，下卷，頁四三八。

4 **明代土地所有權** 薛湧，〈農業城市化〉（Agarian Urbanization），耶魯大學歷史博士論文，二〇〇六年。

5 **明代政治** 最近有關明太祖的研究，見史妮文（Sarah Schneewind）主編，〈明代開國皇帝的圖像〉（The Image of the First Ming Emperor）；有關宦官和讀書人的議題，見達狄斯（John Dardess），《血與史》（*Blood and History*）；有關道德和治理的議題，見賀凱（Charles Hucker），《明代的監察體系》（*Censorial System of Ming China*）；包筠雅（Cynthia Brokaw），《功過格：明清社會的道德秩序》（*Ledgers of Merit and Demerit: Social Change and Moral Order in Late Imperial China*）；韓德琳（Joanna Handlin），《晚明思想中的行動》（*Action in Late Ming Thought*）；有關這段期間佛教的復興，詳見于君方（Yü Chün-fang），《中國佛教的復興》（*Renewal of Buddhism in China*）。

6 **明代長城** 林霨（Arthur Waldron），《中國長城》（*The Great Wall of China*）；藍詩玲（Julia Lovell），《長城》（*The Great Wall*）；有關明朝征戰蒙古的失敗，見《劍橋中國史》，第七冊，上卷，頁四一六至四二一。

7 **滿洲逐鹿中原** 詳見魏斐德（Frederic Wakeman），《洪業》（*The Great Enterprise*）兩大冊；司徒

琳（Lynn Struve），《南明史》（*The Southern Ming*）。

8 **張岱的《陶庵夢憶》** 卡發拉斯，《清澄的夢：懷舊與張岱的明朝回憶》（*In Limpid Dream: Nostalgia and Zhang Dai's Reminiscences of the Ming*）（二〇〇七年）筆者還受益於Brigitte Teboul-Wang法譯的《陶庵夢憶》。關於張岱喜愛的小品文或散文文體，見葉揚（Ye Yang），《晚明小品文》（*Vignettes from the Late Ming*）。

第一章

人生之樂樂無窮

張岱的居處前有廣場，入夜月出之後，燈籠也亮起，令他深覺住在此處真「無虛日」，「便寓、便交際、便淫冶」。身處如是繁華世界，實在不值得把花費掛在心上。張岱飽覽美景，縱情弦歌，畫船往來如織，周折於南京城內，[1] 簫鼓之音悠揚遠傳。露臺精雕細琢，若是浴罷則坐在竹簾紗幔之後，身上散發出茉莉的香氣，盈溢夏日風中。但見嫵媚歌伎，執團扇、著輕紈，鬢髻緩傾。燈籠初燃，蜿蜒連蜷於河道之上，朦朧如聯珠，「士女凭欄轟笑，聲光凌亂，耳目不能自主」。一直要到夜深，火滅燈殘，才「星星自散」。

燈籠、河道甚教張岱神往，他所留下對年幼的追憶也與燈籠、河道有關。[2] 張岱三歲的時候，家中老僕帶他到王新的屋外去賞燈。王新是名鑑賞家、古玩收藏家，也認識張岱的母親。小小年紀的張岱坐在老僕肩上，於是四周景物都能盡收眼底：燈籠晶瑩剔透，綵花珠燈，羊角燈外罩纓絡，描金細畫，穗花懸掛，張燈百盞。張岱後來回憶此景，覺得雖是流光奪目，當年看來卻是覺得有所不足。燈籠不夠亮，也不夠密，燈籠之間仍有燭光不及的暗處，往來行人必須小心摸索，甚至得自己提著燈。賞燈雖是一大盛事，但總會聽到有人抱怨諸多不便。

張岱一族住在紹興，紹興人幾乎生來就會品賞燈籠，這是因為紹興富庶繁榮，住起來舒適愜意，有許多能工巧匠，也不乏識貨之人。張岱曾說紹興人熱中造燈，並不足為奇，「竹賤、燈賤、燭賤。賤，故家家可為之；賤，故家家以不能燈為恥。」[3]每逢春節、中秋，從通衢大道至窮簷曲巷，無不張燈生輝。紹興人通常把燈掛在棚架上，棚架以竹竿立於兩端，中間以橫木固定，簡單而結實。橫木可掛七盞燈——居中之大燈喚作「雪燈」，左右各有三個圓燈，稱為「燈球」。

這類往事栩栩如生，深深烙在張岱的心中：「從巷口回視巷內，複疊堆垛，鮮妍飄灑，亦是動人。」[4]紹興城內的十字街會搭起彩繪木棚，棚子裡頭懸掛一只大燈，燈上畫有《四書》、《千家詩》的故事，或是寫上燈謎，眾人擠在大燈之下，抬頭苦思謎底。庵堂寺觀也以木架作燈柱掛燈，門楣上寫著「慶賞元宵」、「與民同樂」。佛像前有紅紙荷花，琉璃火盞，熠燈生輝。附近村民都會著意打扮，進城東穿西走，團簇街頭，擠擠雜雜買些東西。城內的婦人女子或是挽著手同遊，或是雜坐家戶門前，嗑瓜子、吃豆糖，至夜深才散去。[5]

張岱對河道最早的印象也是來自幼年經驗。張岱五歲曾隨母親至紹興城東的曹山庵禮佛。曹山庵居高臨池，這處水池是三十多年前張岱外祖父為放生所鑿。那天天氣燠熱，張岱母子泛著小舟，浮於池上，四只西瓜置於竹籃內，浸在水中，使其冰涼。張岱記得，有條「大魚如舟」，突然衝撞舟底，把小舟幾乎撞翻，把舟上香客船伕嚇得魂飛魄散，那大魚將四只西瓜悉數吞去便迅速潛沒，留下水面的一道波紋。[6]

多年之後，當年的場景又重演，但這次更為驚心動魄。此時張岱四十一歲，到杭州城外不遠處弔祭故交，有人約他去觀海潮。張岱久聞觀潮乃當地一大盛況，值得一看，海潮自江口洶湧而來，當地文人墨客無不頌讚。但是張岱親眼見過之後，卻總是失望而歸。不過，張岱這次還是去了，兩個朋友尾隨而至，攀爬到塘上，但見濤天巨浪，奔騰而來，令張岱大開眼界。[7]

張岱這麼寫著：「見潮頭一線從海寧而來，直奔塘上。稍近則隱隱露白，如驅千百小鵝，擘翼驚飛。漸近，噴沫水花蹴起，如百萬雪獅蔽江而下，怒雷鞭之，萬首鏃鏃無敢後先。再近則颶風逼之，勢欲拍岸而上。看者辟易，走避塘下。潮到塘，盡力一礴，水擊射濺起數丈，著面皆濕。旋捲而右，龜山一擋，轟怒非常，礮碎龍湫，半空雪舞，看之驚眩，坐半日，顏始定。」

潮水從海寧的方向過來，遠則有如受到驚動而振翅飛起的千百小鵝，近則如百萬白獅奔騰。潮水再接近，則颳起大風，看的人都趕緊走避。等到潮水以雷霆之勢打到堤岸，濺起數丈水花，在半空飛舞，看得張岱心驚目眩，坐了半天，心神才稍定。

凡有往事襲上心頭，無論大小，總能教張岱逸神，琢磨箇中況味。他隨筆記下：「甲寅夏，過斑竹庵，取水啜之，磷磷有圭角，異之。走看其色，如秋月霜空，噀天為白。又如輕嵐出岫，繚松迷石，淡淡欲散。」張岱心想，不知以此水煮茶，滋味如何？於是試了幾回，發覺泉水若置放三宿，待石腥味散去，而後用來煮茶，更能烘托茶香。若是取水入口渦捲，以舌舐顎，泉水特有的味道更為明顯。[8]

張岱的三叔張炳芳飽歷世故，品味精純。叔姪兩人切磋品鑑，百般調配，以各處名泉煮各地名茶，找出最能相配的茶與泉。這對叔姪的結論是：取斑竹庵泉水，放置三宿，最能帶出上等茶葉的香氣，再注入細白瓷杯，茶色如籜方解，綠粉初勻，舉世無雙。至於茶葉應否雜入一兩片茉莉，叔姪兩人對此意見不一，但是兩人都認為最好是先將沸水注入壺中少許，待其稍涼，再以沸水注之：看著茶葉舒展，「有如百莖素蘭同雪濤並瀉也」，叔姪兩人遂將此茶戲稱為「蘭雪」。

張岱總是想嘗試各種新奇口味，還鑽研各種蘭雪茶的飲法。張岱曾養過一頭牛，研製做乳酪的方法。張岱取乳之後，靜置一夜，等到乳脂分離。以乳汁一斤、蘭雪茶四甌，攙和置於銅壺，久煮至既黏且稠，如「玉液珠膠」。待其涼後，張岱認為其吹氣勝蘭如「雪腴」，沁入肺腑似「霜膩」。張岱還拿它做更多的嘗試：以當地佳釀同入陶甑蒸之，或攙入豆粉發酵，或煎酥，或縛餅，或酒凝，或鹽醃。也可用蔗漿霜溫火熬之、濾之、鑽之、掇之、印模成帶骨鮑螺狀。無論何種料理妙方，張岱都將烹調祕訣鎖密房，「以紙封固，雖父子不輕傳之」。[9]

不出五年，也就是約當萬曆四十八年（一六二〇年），張岱和三叔張炳芳命名的蘭雪茶已經甚受名家青睞。但是卻有不肖商賈以蘭雪之名，在市場上哄售劣質茶，而飲者似乎並不知道。後來，就連斑竹庵禊泉的水源也不保。前有紹興商人以此泉釀酒，或在泉水旁開茶館，後又有地方貪官一度封泉，想將泉水據為私有。這反倒讓斑竹庵禊泉的聲名更大，引來無賴之徒，向庵內僧人討食物、柴薪，若是不從便咆哮動粗。最後，僧人為了恢復昔日寧靜，就把芻穢、腐竹投入泉水，決庵內溝渠以毀泉水。張岱三度攜家僕淘洗，僧人也三度在張岱離去又毀泉。張岱最後只好作罷，但說來諷刺，一般人還是難擋「禊泉」的昔日名氣，繼續以斑竹庵不潔的水來煮茶，還盛讚水質甘洌。[10]

但是，這種事情張岱也看開了，而且他也深諳水源流通之理。他寫到另一處清泉時說：「惠水涓涓，繇井之澗，繇澗之谿，繇谿之池、之廚、之湢，以滌、以濯、以灌園、以沐浴、以淨溺器，無不惠山泉者。」所以，張岱認為，「福德與罪孽正等。」[11]

張岱愈是發展某種感官，品味也愈是因而改變。張岱既然求好燈，自然也會尋訪造燈的巧匠。張岱找到一位福建的雕佛師傅。這位師傅雕工極細，撫台曾請他造燈十架，耗時兩年才完成。可惜燈還沒造成，撫台就已辭世；當地一名李姓官員也是紹興人，將燈藏在木櫝中，帶回紹興。李某知張岱好燈，便把燈送給張岱。張岱不願無端受禮，當場就以五十兩白銀酬謝李某。五十兩不是個小數目，但是張岱認為這還不及真正價值的十分之一。在張岱心中，這十座燈成為他收藏的壓箱寶。[12]

其他巧匠的作品也充實了張岱的收藏。紹興匠人夏耳金擅長剪綵為花，再罩以冰紗；張岱大歎巧奪天工，「有煙籠芍藥之致」。夏耳金還會用粗鐵絲界畫規矩，畫出各種奇絕圖案，再罩以四川錦幔。每年酬神，夏耳金一定會造燈一盞，等到慶典結束之後，常常以張岱所出的「善價」賣給他。張岱還辦了龍山燈展，為此向南京巧匠趙士元購燈。趙士元精於造夾紗屏與燈帶，當地匠人無人能及。張岱的收藏品日豐，他也發現家中有一小廝很會保養燈，「雖紙燈亦十年不得壞，故燈日富」。[13]

張岱的癖好常常變來變去，難以持久，但是他寫到這些癖好時，卻彷彿是入迷極深，足以為安身立命的依託。張岱開始嘗試各種泡製蘭雪茶之後過了兩年，他又迷上了琴。萬曆四十四年（一六一六年），時年十九的張岱說動了六個心性相投、年紀相近的親友跟他一同學琴。張岱的說法是，紹興難求好琴師，如果不常練琴的話，琴藝就無法精進。張岱寫了一篇雅致的小檄文，說締結「絲社」的目的是要社員立約每月三會，這比他們「寧虛芳月」要好得多。若能定期操琴，便能兼顧紹興琴歌、澗響、松風三者；一旦操練得法，「自令眾山皆響」。這些念頭常放在心裡，便能「斜暢風神」，而「雅羨心生於手」。[14]

張岱的陳義高蹈，並不是人人能及，張岱的堂弟燕客曾參加絲社，但仍是不通音律。范與蘭雖然有興趣，但是進步仍然有限。范與蘭有一陣跟某琴師學琴甚勤，努力得其神韻，後來改投另一琴師門下。沒過多久，范與蘭盡棄所學，又拜師從頭學起，如此復始數次。張岱寫道：「舊所學又銳意去之，不復能記憶，究竟終無一字，終日撫琴，但和弦而已。」[15]張岱認為自己比較高明，拜各家名師學藝，勤加練習而至「練熟還生」，能刻意奏出古拙之音。張岱有時會同琴師一位、琴藝最精的同學兩位，四人常在眾人前合奏，「如出一手，聽者皆服」。[16]

到了天啟二年（一六二二年），二十五歲的張岱又迷上鬥雞，與一干同好創鬥雞社。鬥雞的風氣在中國至少盛行兩千年，早有一套磨練鬥狠的祕技。鬥雞通常進行三回合，鬥到雞死方休。據說鬥雞名師能把鬥雞調教得靜如處子、動如脫兔，對聲響、陰影無動於衷，臨陣對敵不露情緒。上品鬥雞應如機械，教對手望之喪膽卻走。文獻記載，訓練有素的鬥雞「羽豎、翼鼓、嘴尖、爪利、沉著、冷靜克敵」。上品鬥雞一看外觀便知：羽毛疏目短，頭壯且小，眼窩深凹而皮厚。

張岱創絲社寫檄文，創鬥雞社也是如此；不過張岱此舉已有先例，八世紀的唐代詩人王勃寫過鬥雞檄文。張岱的二叔張聯芳在古玩、藝術品的收藏很有名，他也是鬥雞社的基本成員。叔姪兩人下重注鬥雞，賭金有「古董、書畫、文錦、川扇」。根據張岱的記述，張聯芳十賭九輸，愈輸愈惱。最後，張聯芳竟然把鐵刺綁在鬥雞的爪上，還在翅膀下灑芥末粉——這是自古以來就有的訓練方法，也為鬥雞所容許。樊噲是漢代鬥雞名家，張聯芳還派人暗中尋訪他的後代，但是並無收穫。後來，張岱知道自己與唐玄宗命盤相同，而唐玄宗好鬥雞又亡其國，於是張岱便以鬥雞不祥為由，結束了鬥雞社，叔姪倆才又和好。[17]

天啟三年初，張岱才剛戒了鬥雞，又與弟弟、友人迷上看「蹴踘」（類似足球）。所謂的蹴踘並不是一般的運動比賽，而是一種動作靈巧、身形優雅的技藝形式，玩蹴踘的人必須盡可能讓球近身。蹴踘這門技藝也是歷史悠久，男女、廷臣、常民都可參與，有時還結合了其他的運動與賭博。張岱這麼描寫一位善蹴踘的人，「球著足，渾身旋滾，一似黏疐有膠，提掇有線，穿插有孔者」。[18]有些技藝非凡的蹴踘玩家，本身也是梨園弟子，張岱家中戲班裡就有幾個人是如此，因為張岱也迷上看戲，精研唱腔、身段、扮相。

張岱與親友結成的詩社[19]歷時最長。他們定期聚會，就題吟詩，共賞購得的珍稀古玩，想出有典故又妥切的名稱。等到這群人對吟詩失了興味之後，便碰面「合采牌」，但用的不是一般骨牌，而是張岱自己設計的紙牌。紙牌各有名目，是明人生活不可或缺的娛樂，文人武將都很熱中。張岱的堂弟燕客學琴雖然不成，但這人卻很有想像力，很會設計新牌戲，取類似之牌，從中推陳出各種色彩名目的牌子。[20]

張岱還提到親友的其他結社[21]：祖父張汝霖立「讀史社」，有個叔叔成立「噱社」，張岱的父親張耀芳喜歡和三五好友，考據舊地名辭源，以地名來想謎題。而張岱自己最喜歡的是「蟹會」，不過他沒說是什麼時候創會的。陰曆十月正是河蟹當令，蟹螯色紫且肥，蟹會只在十月的午後聚會。蟹會吃蟹，不加鹽醋，只嘗其原味。每個人分到六只蟹，迭番煮之，使蟹的每個部位皆獨具風味：膏膩堆積如玉脂珀屑，紫螯巨如拳，小腳油油且肉出。但是為了不使烹煮過度而傷了風味，所以每只蟹都是個別蒸煮，再依序分食。[22]

張岱也盛讚雪景絕妙幻化的魅力。紹興少雪，若逢落雪紛飛，張岱總是欣喜若狂。張岱既愛初雪中的山水，也愛觀察人對初雪的反應。賞雪者有孑然一人，有群聚而觀者。在他筆下，從一小撮人到孑然一人，再從孑然一人自在地處在一小撮人之中，只見他的敘述隨著這視野的轉變而變化，透露他自己的賞雪心境。

張岱關於雪景的紀錄，最早載有日期的是在天啟六年十二月。當時雪蓋紹興城，深近三尺，夜空霽霽，張岱從自家戲班裡找了五個伶人，同他一起上城隍廟山門，坐觀雪景。「萬山載雪，明月薄之，月不能光，雪皆呆白。坐久清冽，蒼頭送酒至，余勉強舉大觥敵寒，酒氣冉冉。積雪欲之，竟不得醉。馬小卿唱曲，李岕生吹洞簫和之，聲為寒威所懾，咽澀不得出。三鼓歸寢。馬小卿、潘小妃相抱從百步街旋滾而下，直至山趾，浴雪而立。

余坐一小羊頭車，拖冰凌而歸。」[23]

六年後，也是在臘月，又下了一場大雪，紛飛三日不止。這回張岱自紹興渡河過杭州，張家和一些親友在西湖畔都有房舍。天色漸暗，張岱著毳衣、舉火爐，登小舟，要船家往湖心亭划去。此時人聲鳥鳴俱絕。霜降罩湖，天與雲、與山、與水，上下一應俱白，此番變貌令張岱欣喜：「湖上影子，惟長堤一痕，湖心亭一點，與余舟一芥，舟中人兩三粒而已。」到了亭上，居然已有兩人鋪氈而坐，奴僕正在溫酒。這兩人是從兩百多里外的金陵而來，張岱跟他們喝了三碗酒才告辭。船家駛離湖心亭時，張岱聽到他喃喃嘀咕：「莫說相公癡，更有癡似相公者。」[24]

出遊時，主要是張岱與親友之間在交談，向來沒有僕侍與船家開口的份。但有時雖然僕役船家在一旁張羅，並不言語，但也是此情此景所不可少的。張岱少時曾在紹興城內龐公池附近讀書，總會在池中留一小舟，興致一來便可外出。池水入溪流，縱橫交錯，穿越城鎮，旁有屋舍巷弄。無論月圓月缺，也不論什麼時辰，張岱總會招舟人載他盤旋水道稍遊一番，舒展身心，慵懶欣賞夜色在幽冥中流逝。

有次出遊，張岱是這麼寫的：「山後人家，閉門高臥，不見燈火，悄悄冥冥，意頗悽惻。余設涼簟臥中看月，小傒船頭唱曲，醉夢相雜，聲聲漸遠，月亦漸淡，嗒然睡去。歌終忽寤，含糊讚之，尋復鼾齁。小傒亦呵欠歪斜，互相枕藉。舟子回船到岸，篙啄丁丁，促起就寢。此時胸中浩浩落落，並無芥蒂，一枕黑甜，高舂始起，不曉世間何物謂之憂愁。」[25]

如此寧靜片刻雖然只有自己能細細品味，但張岱總相信，就算處於最陶醉忘我之時，也仍保有自覺。他知道，人在內心深處時時都在留心自己給別人的形象，即使在中秋賞月時也不例外。秋節可玩的事物不少，但張岱在西湖畔賞月，卻特別愛看湖畔的賞月之人。

張岱把賞月之人分成五類，一一細說。有人腰纏萬貫，綾羅綢緞，冠蓋盛筵，伶人唱曲助興。聲光繽紛，令之意亂情迷，雖於月下，「名為看月而實不見月者」。第二類縱情邪淫逸樂，左顧右盼，名娃童孌，環坐舟船甲板上，「身在月下實不看月者」。還有斜倚船艙，名妓閒僧為伴淺酌，絲管裊繞低唱，相談輕聲細語，「看月而欲人看其看月者」。還有人在岸邊呼群喧囂，這類人無舟，但沿湖吵嚷，吃得飽飽，借酒裝瘋，嘯呼嘈雜，較為折衷，「月亦看，看月者亦看，不看月者亦看，而實無心一看者」。最後一類是故作優雅的唯美派，小船輕蕩，淨几煖爐侍候，素瓷煮茶，佳人為伴，匿藏蹤影而靜靜賞月，「看月而人不見其看月之態，亦不作意看月者」。[26]

張岱還提到有人縱情綺思之樂，張岱祖父的朋友包涵所就是一例，他為了與友人賓客取樂，打造三艘樓船：頭號樓船載歌筵、歌童；二號置書畫；三號藏侍陪美人。包涵所不時邀人乘船出航，每趟船程十餘日，船泊於何處、何時歸航，都沒人知道。包涵所還修了一幢「八卦房」。他自己住在中間，外有八間房環繞。八房各有帳帷，可讓包涵所隨性開闔，盡收美景。房寢之內，包老倚枕，焚香啟帳，快意餘生二十載。[27]

張岱也喜歡狩獵，曾以華麗辭藻詳述崇禎十一年（一六三八年）那次出獵：張岱一行身穿戎衣，策馬出城，隨行有五名姬侍，各個「服大紅錦狐嵌箭衣、昭君套，乘款段馬。」隨從騎馬，攜狩獵刀器，牽犬架鷹，好讓張岱等人享受追獵麂、兔、雉、貓狸之樂。打完獵之後則以看戲舒緩筋骨，夜宿鄉間野廟，次日獵歸，再到張岱親戚家開懷宴饗。[28]

張岱族弟卓如喜流連揚州花街，所以張岱也知道夜半暗巷之狹情；當年的揚州乃是大運河往來北京的通衢要道，也是食鹽買賣（朝廷專賣）的集散重鎮。張岱說揚州城內巷道近百，周旋曲折，四通八達。巷口雖狹窄而腸曲，但不乏奢華的精房密戶，尤其是名妓之戶，若不是有人嚮導，是不得其門而入的。名妓通常低調，不在外拋頭露面，不似揚州的「歪妓」。照張岱估計，揚州的歪妓約有五、六百人之譜，招搖拉客說是在「站關」。每日傍晚，歪妓膏沐薰燒，在茶館酒肆前「倚徙盤礴」。夜色幽微，粉妝可以遮醜，但若是燈火通明，月光皎潔，反倒教歪妓失了顏色。有些上了年紀的歪妓還以簾遮面，長了一雙天足的村婦則躲在門後，以求遮掩。街上行人往來不絕，四處找人共度良宵。若是相中對象，兩人就會到女子的住處休憩。門口的偵伺一瞧見便高呼：「某姐有客了！」門內隨即應聲如雷，眾人匆匆提燈而出，迎接這對男女春風一度。

如此這般直至深夜，最後都還有二、三十名妓女留在妓院。張岱非常留意這類女子，即使夜深露濃之際也是如此。燈盡燭殘，茶館酒肆熄了燈，默無人聲。張岱細細描述茶博士並不急著趕這群妓女離開，因為她們還會湊些錢，向茶博士買點蠟燭，寄望或許還有遲來的恩客光臨。張岱瞧見茶博士呵欠連連，睡意漸濃，這群妓女開口唱唱小曲，不時故作熱鬧，取笑一番，但也漸漸稀落，乃至沉寂。張岱寫道：「夜分不得不去，悄然暗摸如鬼，見老鴇，受餓、受笞，俱不可知矣。」[29]

在豪奢樓船與後街暗巷之間一帶，還有買賣奴僕之地，年輕女子在此會賣給有錢人為妾。張岱寫的仍是揚州城，以一貫的細膩筆觸描繪這個世界，字裡行間攙雜幾許不安和憐恤。張岱有篇文章以〈揚州瘦馬〉[30]為題，用的就是當地形容這個肉慾市場的俚語。照張岱的估算，有上百人靠這些女人營生。他們似乎無所不在，「如蠅附羶，撩撲不去」。一旦有人有意納妾的風聲傳出，天還沒亮就有牙婆上門，催這人出門到「瘦馬」家。才一坐定、奉茶，姑娘便帶了出來，任人細細品評。而姑娘就在牙婆指示下鞠躬拜客，轉身，面向亮光，捲袖，伸出手，膚革肌理宛然可見。然後姑娘報出歲數，來客便知姑娘聲調是否細柔，再教姑娘走幾步路，便可知腳大腳小。等到這位姑娘回房，又有另一位姑娘出來，瘦馬之家總有個五、六名姑娘供人品賞，一有人來，整個過程就要再重複一遍。

如此過程日復一日，牙婆來了又去，去了又來，姑娘也是看了一個又一個，到最後，姑娘搽了白粉的面容、穿著紅衣的身影也逐漸模糊、難以鑑別。這就好像同一道題寫了千百回之後，最後連字也不認得了。若是來客選了姑娘——不管是相中，或是隨意挑選——便用金簪或金釵插其鬢以立誓。接著，本家出示紅單，拿筆蘸了墨，寫明綵緞若干，金花若干，財禮若干，布疋若干，送給客人點閱。來客在上頭勾批品項，如果能讓本家滿意，這樁婚事就成了。只見鼓樂齊鳴，僕役備齊酒、牲醴、供果，以花燈護送花轎中的「新娘」，隨行還有「儐相」、歌者，並有廚子擔挑餚饌、蔬果、糖餅和喜宴行頭——花棚、桌圍、坐褥、酒壺杯箸、撒帳。喜宴熱鬧盡興，但過程也很迅速而有效率，因為這並不是真的成婚，張岱忍不住要點破：此時還未中午，僕役便要討賞，為的是急著趕往另一家，還有一場戲要演呢。[31]

張岱並未解釋家中妻妾奴婢的種種來歷，也極少提到她們的名字。但是，神祕女性能勾起張岱的興趣，這點是毫無疑問的。這些女子的出身不詳，何時再來也不定，但是她們知道如何扮演自己的角色，又能予人意料之外的情慾遐想。張岱祖父在龍山放燈時，就有女子把小鞋掛在樹上，好似還在回想雲雨纏綿的滋味。[32]這次燈會還突然來了六、七名女子買酒，店家說已經開封的酒賣完了，女子便買一大甕未開的酒，從袖中取出蓏果吃將起來，酒喝完了之後，就消失在夜色中。[33]

張岱有時會以精細的筆觸來訴說一些細瑣之事，譬如他在崇禎十二年（一六三九年）

遇見一名女子。張岱說他和南華老人於西湖遊舫上飲酒，老人說他要早點回去。當時張岱的好友陳洪綬也在船上，酒興方酣，還不想就這麼散去。於是張岱把老人送回去之後，又租一艘小船，回西湖賞月，讓陳洪綬再多喝些酒。有朋友在岸上喊他們，說是送了些蜜橘來，兩人吃個痛快之後，陳洪綬睡意漸濃，鼾聲大作，這時岸上有小僮出聲詢問，可否載女主人前往一橋。張岱欣然答應，女子便上了船。女子看起來神情愉悅，輕紈淡弱，婉約可人。陳洪綬悠悠醒來，看到這女子很歡喜，還向她叫陣鬥酒，而她也答應了。深夜三更，船至一橋，女子把酒一飲而盡便上了岸。張岱和陳洪綬想問女子住在何處，但女子「笑而不答。章侯（陳洪綬）欲躡之，見其過岳王墳，不能追也」。[34]

從大運河畔的揚州往東南延伸，經南京、杭州兩大重鎮到紹興，張岱對這一帶很熟，這是中國經濟富庶、人文薈萃之地，也是藝伎如織、蔚然成風之地。藝伎要有學養，也要有美貌。對張岱和同處那個時代的人而言，藝伎的命運一定是淒楚的，因為藝伎身處兩個世界，而這兩個世界勢必有所扞格。藝伎拋頭露面，成了眾人品頭論足和慾望投射的對象，令人既無法抗拒，但又遙不可及。因此張岱寫到藝伎時，反倒是恣意揮灑，不似寫到自家妻妾那般矜持。[35]

藝伎裡頭以王月生與張岱最有往來，時常伴他出南京城，遊歷燕子磯等勝景。[36]按照張岱的說法，王月生出生在「朱市」，這是南京城內的煙花區，有身分地位的人都不願被人看到出現在這裡。王月生極為艷麗，張岱稱讚她面色如蘭花初綻，一雙楚楚纖趾「如出水紅菱」。

在張岱眼裡，王月生豔冠群芳，但是愈來愈不喜歡與人交接，除非是在一日之前就送書帕，而且先以五金、十金下訂，否則不輕易在席間開口唱歌。若是要與她單獨私會，一定要在每年的一、二月下聘，否則這一年就約不到。王月生能讀、能寫，也畫得一手好畫，尤其擅長畫蘭、竹、水仙。王月生跟著當地的閔老子學品茗，門道很精；沿海的吳歌曲調，她也很會唱；性情文雅，舉座嬉笑、環席縱飲之時，她卻是安安靜靜的。張岱說王月生「寒淡如孤梅冷月」，若是強迫王月生與她看不上眼的人在一起，她連口都懶得開。[37]

張岱用了一件事來勾勒王月生的性情：「有公子狎之，同寢食者半月，不得其一言。一日開口囁嚅動，閒客驚喜走報公子曰：『王月生開言矣！』鬨然以為祥瑞，急走伺之，面赬，尋又止，公子力請再三，蹇澀出二字曰：『家去。』」[38]

張岱很可能是在崇禎八、九年間（一六三〇年代中期），為王月生寫了一首題名含意淺白的詩〈曲中妓王月生〉，試圖解釋為何王月生能迷倒眾生，歷三十年不衰。張岱也警告讀者，寫此詩有其風險，就算比喻貼切，但用來形容南京花街的妓女，也會被認為不妥，教人聽到反倒笑話了。但真正的知音說不定會了解——就像住在桃葉渡的閔老子，他年已七十，品茶品了一輩子，已能「嚼碎虛空辨渣滓」，就像張岱能從記憶中的蛛絲馬跡捕捉王月生的精華：

白甌沸雪發蘭香，
色似梨花透窗紙。
舌尖幽沁味同誰？
甘酸都盡橄欖髓。
及吾一晤王月生，
恍見此茶能語矣。
蹴三致一步吝移，
狷潔幽閒意如冰。[39]

當張岱思及王月生的美貌，她的脫俗與楚楚可人，以及打扮之後的撩人體態時，冷如冰的那種「狷潔幽閒」也就不復存在了。這種脫俗、弱不禁風與撩人正是當時所謂的「美」，但是張岱還是自我解嘲了一番；他的目的是要勾勒情感深處那種癡迷。這種「情」是一種至純之力，人的行動和信念皆映現其中，張岱說他雖然找不到適切的文字來描述這種感覺，但他卻是毫不猶豫就接受了它。張岱的朋友君謨以茶來比喻王月生，張岱也只有默然相視。

張岱在結尾借了君謨的茶意象，最後再回到日常的世界：

但以佳茗比佳人，
自古何人見及比？
猶言書法在江聲，
聞者噴飯滿其几。

張岱並無隱瞞王月生舉手投足的戲味，而她既是高不可攀卻又近在眼前，顯然迷倒了張岱和許多人。張岱心裡老記掛著戲，花了不少銀子和力氣搬演好戲。張岱意識到戲曲這種藝術正在發展改變，他或許能說自己知道其中法度，但也不是每個人都能認同。蘇州的崑曲，旋律優美，形式精妙，已走出如紹興戲這類地方戲曲的格局，一如日後京劇的發展，走向通俗化以求拓展觀眾層面。[40]張岱雖然雅好絲竹之聲，但也深知劇本和伶人才是戲好的根本所在。譬如說書人柳麻子就很有信手發揮的本事，聲調抑揚有致，從他身上看到了古老說書藝術與豐富戲劇技巧之間的轉折。柳麻子雖在南京表演，不過名號早已遠播。要聽柳麻子說書，也是得幾日、幾週前就預先送書帕、下訂金。柳麻子每天說書一回，從不多說。若是有聽者竊竊耳語，出聲打擾柳麻子，或甚至是呵欠有倦容，他便不說了。柳麻子其貌不揚，長相「黧黑」，滿臉「疤瘤」，但絲毫不減其風采。「柳麻子貌其醜」，張岱寫道：「然其口角波俏，眼目流利，衣服恬靜，直與王月生同其婉孌，故其行情正等。」[41]

張岱一家都喜歡聽戲，但他還特別指出，這並非家族傳統，而是在他出生後，祖父張汝霖才開始好此道。祖父張汝霖與四個朋友養戲班——這四人都是杭州當地人，或是來自富庶的浙北、蘇南一帶。他們都有功名，而像這種地位特殊的人養戲班，「講究此道」，張岱說這實乃「破天荒為之」。[42]張岱在一篇文章中提到六個戲班，其中兩團可能全由男童、男子組成，其他三團也有女伶，或全都是女童、女伶。戲班伶人常有替換，有時是名換人不換。張岱祖父時的名角，等到張岱長大時，已「如三代法物，不可復見」。[43]

張岱父親斷了追逐功名之心，便轉而縱情紅塵俗世，張岱的幾個叔父表親也是如此。張岱的弟弟平子也有自己的戲班，他去世之後，戲班便納入張岱的戲班。張岱試著解釋為何好此道：「主人解事日精一日，而傒僮技藝亦愈出愈奇。」張岱樂見自己戲班有所轉變，隨著伶人、女伶年歲漸長，學藝日精，乃至凋零，由新血取而代之。張岱有幾個戲班，世代甚至傳承了五輪。至於張岱自己呢，「余則婆娑一老，以碧眼波斯，尚能別其妍醜。山中人至海七歸，種種海錯皆在眼前，請共舐之。」張岱顯然相當得意：「以余而長聲價，以余長聲價之人而後長聲價者多有之。」這些伶人今天是因為張岱而名聲揚，以後張岱會因為這些伶人而為後世知。[44]

調教唱戲之道自然是不可勝數。張岱提到朱雲崍教女伶唱戲時，從來都不從表演入手，反倒是教她們琵琶、簫管、鼓吹等各種樂器，次教歌，再教舞。結果，有些拜朱雲崍為師的徒弟「反覺多事矣」。[45]朱雲崍教戲有兩個大問題。朱雲崍排戲時，不知止於當止之處，過分堆砌舞蹈與效果，以致畫蛇添足。而且朱雲崍生性狎淫多疑，對待女性常逾越分寸。張岱說朱雲崍控制旗下女伶的行動，將之鎖於密房之中，別人都聽得到她們的呼號咒罵。[46]

朱雲崍雖然模糊了授藝和情慾之間的分寸，但張岱也提到有些出身花街柳巷的女伶，轉行唱戲後卻能掌握一些最難唱的角色，而且一個晚上連唱七齣戲。若是有門道甚精的師傅在座聽戲，有的伶人會呆在台上，嚇得唱不出來。她們將這種經驗稱之為「過劍門」。[47]有些戲臺根本搭不出來，好比張岱的父親找來一班女伶，在西湖邊剛搭好的樓船表演，結果颳起暴風，掀起大浪，舞臺就在觀眾的眼前給毀掉。[48]但是，戲班不想放棄亮相的機會，加上觀眾在旁喝采，終能克服戲臺的問題和內心的恐懼，粉墨登場。只有像張家這種富貴人家才有能力演成套的戲碼，讓各方名家品評師傅教戲的功力，也讓不同的戲班之間保持伶人的流動。

然而，偶爾也要讓新秀在大家面前表演表演。張岱估計，崇禎七年（一六三四年）秋，獲邀到蕺山的賓客至少有七百人。人人攜酒饌，帶紅氈，在星空下席地而坐。連同其他賓客、友人，有紅氈七十床，人數總計近千人。舉座豪飲，同聲高唱，歷數個時辰不輟，張岱要小傒顧岕竹、應楚煙唱幾句來聽聽——結果最後唱了十折左右。顧、應兩人原本是在張岱弟弟平子的戲班，平子去世後就到了張岱的戲班。顧、應在月光下唱戲，只見聽者「濯濯如新出浴」，而隨著遠山遁隱雲中，清朗的歌聲也「無蚊蛇聲」。[49]

在自家戲班裡，張岱最喜歡劉暉吉，唱功奇絕，獨樹一格。張岱說她「女戲以妖冶恕，以嘽緩恕，故女戲者全乎其為恕也。若劉暉吉則異是。劉暉吉奇情幻想，欲補從來梨園之缺陷」。雖然張岱並未明說這段話是什麼意思，但顯然劉暉吉反串的本事非常高明。[50] 張岱提到友人彭天錫曾說：「女戲至劉暉吉，何必男子，何必彭大？」張岱說彭天錫眼界很高，絕少盛讚，所以這番稱讚特別值得重視。

彭天錫是江蘇人，家住紹興北邊，與張岱論交多年。他跟其他愛看戲的文人雅士一樣，既精於品評、出錢贊助，也演戲、教戲、愛看戲。張岱寫了一篇文章稱讚彭天錫，說他唱戲、導戲的功力「妙天下」。[51] 彭天錫的規矩很簡單：他從不按自己的意思修改本子；為了準備演出，他會不計代價，把整個戲班請到家裡排練，排練一次就要花個十兩銀子。彭天錫不斷增加自己會唱的劇碼，幾年下來，他可以在張岱家裡唱個五、六十折戲而不重複。彭天錫尤其擅長演奸雄和丑角，刻畫佞倖入木三分，無人能及：「皺眉眄眼，實實腹中有劍，笑裡藏刀，鬼氣殺機，陰森可畏。」張岱認為，彭天錫天性深刻，胸懷丘壑，靈活機變又渾身是勁，唯有藉著演戲才能完全展現。張岱最後說，彭天錫的表演精妙，為前人所未見，「恨不得法錦包裹，傳之不朽」。[52]

依張岱的看法，女伶中唯一能和彭天錫並駕其驅的只有朱楚生一人。朱楚生投入寧波姚益城門下，擅長紹興派。姚益城教戲一絲不苟，講究音律純正，拿朱楚生當作評判戲班唱功的標準。朱楚生獻身戲曲，畢生心血盡集於此。要是師傅指出唱腔口白有何可改進之處，朱楚生非得練到毫無瑕疵才罷休。張岱說：「楚生色不甚美，雖絕世佳人無其風韻，楚楚謖謖，其孤意在眉，其深情在睫，其解意在煙視媚行。」[53]有天傍晚，張岱與朱楚生同坐在紹興附近的河邊。暮日西斜，水波生煙，林間窅冥，朱楚生突然默默哭了起來。朱楚生不同於彭天錫，無法盡釋心中的力量，反倒被其消磨。張岱以為朱楚生「勞心忡忡，終以情死」。[54]

在張岱眼中，生活多是光彩耀目，審美乃是人間至真。在精神的世界一如舞臺生活，神明的無情操弄和人的螳臂當車之間並無明顯區別。我們所稱的真實世界，只不過是人神各顯本事，各盡本分的交會之處而已。張岱一生都在探尋這種片刻。崇禎二年（一六二九年）中秋翌日的深夜，張岱把船停在金山山腳下。他走大運河北行去探望父親，才過了長江而已，月光皎潔，照在露氣凝漩的河面上，金山寺隱沒林間，四下一片漆黑寂靜。張岱入金山寺大殿，歷史感懷油然而生。此處正是南宋名將韓世忠領八千兵力，力抗金人南侵，鏖戰八日，終將金人逐退過江的地方。張岱要小傒把燈籠、道具從船上拿來，燈籠掛在大殿中，就唱起韓世忠退金人的戲來。

張岱寫道，一時之間鑼鼓喧囂，「一寺人皆起看。有老僧以手背摋眼翳，翕然張口，呵欠與笑嚏俱至，徐定晴，視為何許人，以何事，何時至，皆不敢問」。等到張岱唱完戲，已是曙光初露，張岱命人收拾道具、燈籠，舟離江岸，重啟旅程。僧人全到江邊，久久目送。而張岱想到僧人納悶「不知是人，是怪，是鬼」，不禁大為得意。[55]

註釋

1 **南京逸樂** 張岱，《陶庵夢憶》，卷四，篇二。Brigitte Teboul-Wang法譯，《陶庵夢憶》，#48，頁七十二。張岱描繪南京秦淮河畔的端午節景致。

2 **上品燈籠** 張岱，《陶庵夢憶》，卷四，篇十，〈世美堂燈〉；Brigitte Teboul-Wang法譯，《陶庵夢憶》，#56，頁八十一至八十二；夏咸淳編，《陶庵夢憶》，頁五十九，註三。

3 **賤燈** 張岱，《陶庵夢憶》，卷六，篇四；Brigitte Teboul-Wang法譯，《陶庵夢憶》，#81，頁一一二至一一三。

4 **紹興街頭** 張岱，《陶庵夢憶》，卷六，篇四，〈紹興燈景〉；Brigitte Teboul-Wang法譯，《陶庵夢憶》，＃81，頁一一二至一一三。卡發拉斯，《清澄的夢：懷舊與張岱的明朝回憶》，頁八十六至八十七的全文翻譯。

5 **廟燈** 張岱，《陶庵夢憶》，卷六，篇四；Brigitte Teboul-Wang法譯，《陶庵夢憶》，＃81，頁一一二至一一三。

6 **大魚** 張岱，《陶庵夢憶》，卷六，篇十五；Brigitte Teboul-Wang法譯，《陶庵夢憶》，＃92，頁一二三至一二四。夏咸淳編，《陶庵夢憶》，頁一〇八，註五至七，及頁六十三至六十四，註一。另見卡發拉斯（一九九五年），頁八十六至八十七，及（二〇〇七年），頁三十七。

7 **海潮** 張岱，《陶庵夢憶》，卷三，篇五，〈白洋潮〉。這段美文的翻譯，筆者受惠於卡發拉斯（二〇〇七年），頁一〇四，以及Brigitte Teboul-Wang法譯，《陶庵夢憶》，#35，頁五十八至五十九。海寧橫跨杭州灣，在城市的西邊。另見《紹興府志》，頁一〇八至一〇九。有關海潮拍岸之盡頭，見前揭書，頁一六五，〈潮志〉。張岱弔唁的將領是朱恆岳；有關朱恆岳的生平和驚人腰圍，見《明史》，頁二八二五至二八二八。另見祁彪佳，《祁忠敏公日記》（一九九二年版），頁一一二九，對同一件事的記載。祁彪佳的日記顯示觀潮是在崇禎十一年；與張岱在《陶庵夢憶》中提到的崇禎十三年略有出入。還可參見《祁忠敏公日記》（一九三七年版），頁二十三b至二十四。

8 **庵泉** 張岱，《陶庵夢憶》，卷三，篇三，以及Brigitte Teboul-Wang法譯，《陶庵夢憶》，#33，頁五十六至五十七。

9 **蘭雪茶** 張岱，《陶庵夢憶》，卷三，篇四，以及Brigitte Teboul-Wang法譯，《陶庵夢憶》，#34，頁五十七至五十八。煮茶祕訣，張岱，《陶庵夢憶》，卷四，篇八；特別參考Brigitte Teboul-Wang法譯，《陶庵夢憶》，#54，頁七十九的優美翻譯。卡發拉斯（二〇〇七年），頁四十七，討論乳製品。

10 **毀泉** 張岱，《陶庵夢憶》，卷三，篇六；Brigitte Teboul-Wang法譯，《陶庵夢憶》，#36，頁五十九至六十。張岱和友人猜測水源，見張岱，《陶庵夢憶》，卷三，篇七，〈閔老子茶〉；Brigitte Teboul-Wang法譯，《陶庵夢憶》，#37，頁六十一至六十二；葉揚，《晚明小品文》，頁八十八至九十，卡發拉斯（二〇〇七年），頁八十二至八十三。

11 **水源流通**　張岱，《陶庵夢憶》，卷七，篇十三，〈愚公谷〉；Brigitte Teboul-Wang法譯，《陶庵夢憶》，＃106，頁一三七至一三八。卡發拉斯（二〇〇七年），頁九十三至九十四。

12 **燈匠**　張岱，《陶庵夢憶》，卷四，篇十；Brigitte Teboul-Wang法譯，《陶庵夢憶》，＃56，頁八十一至八十二。

13 **年少的保管人**　張岱，《陶庵夢憶》，卷四，篇十；Brigitte Teboul-Wang法譯，《陶庵夢憶》，＃56，頁八十一至八十二。

14 **絲社**　張岱，《陶庵夢憶》，卷三，篇一；Brigitte Teboul-Wang法譯，《陶庵夢憶》，＃31，頁五十三至五十四，有放入這篇檄文。琴社成立的日期，見張岱，《陶庵夢憶》，卷二，篇六；Brigitte Teboul-Wang法譯，《陶庵夢憶》，＃21，頁四十三，提到正確日期是萬曆四十四年（一六一六年）。而夏咸淳編《陶庵夢憶》，頁二十七，註一，則誤植為康熙十五年（一六七六年）張岱所提到的琴，較同時期歐洲的琴，更長、更富共鳴。

15 **范與蘭的演奏**　張岱，《陶庵夢憶》，卷八，篇七；Brigitte Teboul-Wang法譯，《陶庵夢憶》，＃21，頁四十三。

16 **四重奏**　張岱，《陶庵夢憶》，卷二，篇六；Brigitte Teboul-Wang法譯，《陶庵夢憶》，＃21，頁四十四。

17 **鬥雞** 張岱，《陶庵夢憶》，卷三，篇十三；Brigitte Teboul-Wang法譯，《陶庵夢憶》，＃43，頁六十七；高德耀（Robert Joe Cutter），《鬥雞與中國文化》（*The Brush and the Spur: Chinese Culture and the Cockfight*），頁一二八。訓練鬥雞，見高德耀，頁十六、九十九；重要特質，前揭書，頁一一八；金屬刺激物和芥末，頁一一九；賭博，頁一一八；鬥三回合，鬥至死，頁一一九；王勃的檄文，頁五十八、頁一七四，註三；唐玄宗的亡國，頁九十九。另見卡發拉斯（二〇〇七年），頁四十八。

18 **蹴踘** 張岱，《陶庵夢憶》，卷四，篇七；Brigitte Teboul-Wang法譯，《陶庵夢憶》，＃53，頁七十八；張岱，《陶庵夢憶》，卷五，篇十二，提到彈箏、鬥雞和蹴踘全都在清明時節進行；類似的描述，可見高德耀，《鬥雞與中國文化》，頁十七、二十、九十九、一一三。

19 **吟詩** 《陶庵夢憶》書裡處處可見對這類活動的描述。崇禎十年的例子，見張岱，《陶庵夢憶》，卷一，篇十二；Brigitte Teboul-Wang法譯，《陶庵夢憶》，＃12，頁三十一至三十二。

20 **采牌與燕客** 張岱，《陶庵夢憶》，卷八，篇十一；Brigitte Teboul-Wang法譯，《陶庵夢憶》，＃121，頁一五四。

21 **其他結社** 詳見夏咸淳點校，《張岱詩文集》，頁二五三至二五六，有關祖父與父親的傳記。噱社，見張岱，《陶庵夢憶》，卷六，篇十一；Brigitte Teboul-Wang法譯，《陶庵夢憶》，＃88，頁一二〇。

22 **蟹會** 張岱，《陶庵夢憶》，卷八，篇八；Brigitte Teboul-Wang法譯，《陶庵夢憶》，＃118，頁一五一。另可見葉揚，《晚明小品文》，頁九十六至九十七，以及卡發拉斯（二〇〇七年），頁三十一的譯文。

23 **天啟六年的那場雪** 張岱，《陶庵夢憶》，卷七，篇八，〈龍山雪〉，以及夏咸淳編，《陶庵夢憶》，頁一一六，註三；Brigitte Teboul-Wang法譯，《陶庵夢憶》，＃101，頁一三三至一三四。卡發拉斯（一九九五年）的譯文，見頁一四五至一四六，及（二〇〇七年），頁一〇二至一〇三。

24 **西湖雪景** 宇文所安（Stephen Owen）編，《（諾頓）中國文學作品選》(*An Anthology of Chinese Literature*)，頁八一八，及卡發拉斯（一九九五年），頁一四三的出色譯文；坎貝爾(Duncan Campbell)（一九九八年），頁三十六至三十七；葉揚，《晚明小品文》，頁九十。亦可參考張岱，《陶庵夢憶》，卷三，篇十五，〈湖心亭看雪〉；Brigitte Teboul-Wang法譯，《陶庵夢憶》，＃45，頁六十八至六十九；卡發拉斯(二〇〇七年)，頁一〇〇。

25 **船頭唱曲** 張岱，《陶庵夢憶》，卷七，篇九；Brigitte Teboul-Wang法譯，《陶庵夢憶》，＃102，頁一三四；夏咸淳編，《陶庵夢憶》，頁一一七，註一。

26 **賞月** 張岱，《陶庵夢憶》，卷七，篇三，〈西湖七月半〉；Brigitte Teboul-Wang法譯，《陶庵夢憶》，＃96，頁一二八至一二九。這是張岱最為著名的文章之一。全文翻譯，見宣立敦

（Richard Strassberg），《鏤刻的山水》（*Inscribed Landscapes*），頁三四二至三四五；葉揚，《晚明小品文》，頁九十三至九十五；：宇文所安編，《中國文學作品選》，頁八一六至八一七；卜立德（David Pollard），《古今散文英譯集》（*Chinese Essay*），頁八十六至八十八；卡發拉斯（一九九五年），頁一三三至一三四，及（二〇〇七年），頁八十八至九十。

27 **包老** 張岱，《陶庵夢憶》，卷三，篇十二；Brigitte Teboul-Wang法譯，《陶庵夢憶》，＃42，頁六十五至六十六。包老是張岱祖父的好友，見夏咸淳編，《陶庵夢憶》，頁五十三，註一。

28 **狩獵** 張岱，《陶庵夢憶》，卷四，篇四；Brigitte Teboul-Wang法譯，《陶庵夢憶》，＃50，頁七十四至七十五。

29 **揚州花街** 張岱，《陶庵夢憶》，卷四，篇九；Brigitte Teboul-Wang法譯，《陶庵夢憶》，＃55，頁七十九至八十；夏咸淳編，《陶庵夢憶》，頁六十七，註一至八。全文譯文，見宣立敦，《鏤刻的山水》，頁三四七至三四八。論這段期間的揚州城，安東籬（Antonia Finnane），《說揚州》（*Speaking of Yangzhou*）；滿人征服後揚州城的復甦，見梅爾清（Tobie Meyer-Fong），《清初揚州文化》（*Bulding Culture in Early Qing Yangzhou*）。

30 **瘦馬** 張岱，《陶庵夢憶》，卷五，篇十六；Brigitte Teboul-Wang法譯，《陶庵夢憶》，＃77，頁一〇五至一〇七。這個價格是張岱最為稱許的。見卜立德，《古今散文英譯集》，頁九十至九十二；梅維恒（Victor Mair）編，《哥倫比亞傳統中國文學文選》（*The Columbia Anthology of*

Traditional Chinese Literature），頁五九七至五九八；卡發拉斯（一九九五年），頁一三七至一三八，及（二〇〇七年），頁九十五。

31 **拜堂** 張岱，《陶庵夢憶》，卷五，篇十六，轉引卜立德，《古今散文英譯集》，頁九十一至九十二的譯文。

32 **掛小鞋** 張岱，《陶庵夢憶》，卷八，篇一；Brigitte Teboul-Wang法譯，《陶庵夢憶》，＃111，頁一四四。還可參見卜正民，《縱樂的困惑》，頁二三六。

33 **女人與酒** 張岱，《陶庵夢憶》，卷八，篇一；Brigitte Teboul-Wang法譯，《陶庵夢憶》，＃111，頁一四四。這篇記述還提到有女人作男裝打扮逛姣童妓院。

34 **湖邊女人** 張岱，《陶庵夢憶》，卷三，篇十六；Brigitte Teboul-Wang法譯，《陶庵夢憶》，＃46，頁六十九。卡發拉斯（一九九五年），頁一二五至一二六，及（二〇〇七年），頁七十五至七十六。

35 **藝伎** 見孫康宜（Chang, Kang-I Sun），《陳子龍柳如是詩詞情緣》（*The Late Ming Poet Ch'en Tzu-lung*）全書；卜正民，《縱樂的困惑》，頁二二九至二三三。

36 **王月生** 張岱，《陶庵夢憶》，卷二，篇三；Brigitte Teboul-Wang法譯，《陶庵夢憶》，＃18，頁四十。張岱與王月生偕遊燕子磯。

37 **王月生生平** 張岱，《陶庵夢憶》，卷八，篇二；Brigitte Teboul-Wang法譯，《陶庵夢憶》，＃

112，頁一四五至一四六。譯文見卜立德，《古今散文英譯集》，頁八十八至八十九，及葉揚，《晚明小品文》，九十五至九十六。

38 **王月生的默然** 張岱，《陶庵夢憶》，卷八，篇二；Brigitte Teboul-Wang法譯，《陶庵夢憶》，＃112，頁一四六。譯文見卜立德，《古今散文英譯集》，頁八十九。

39 **以王月生為題的詩** 《張岱詩文集》，頁四十五至四十六，〈曲中妓王月生〉。這首詩並未標明日期，但同一集子的下一首記友人祁彪佳的詩，則是標明為「丙子」年。有關張岱在《陶庵夢憶》，卷三，篇七，他與品茗名家閔老子友誼的炫耀性陳述，見葉揚，《晚明小品文》，頁八十八至九十，及卡發拉斯(二〇〇七年)，頁八十二至八十三。

40 **崑曲** 見倪豪士（William Nienhauser），《印地安那傳統中國文學指南》(*The Indiana Companion to Traditional Chinese Literature*)，頁五一四至五一六；前揭書，頁十三至三十。

41 **柳麻子** 張岱，《陶庵夢憶》，卷五，篇七；Brigitte Teboul-Wang法譯，《陶庵夢憶》，＃68，頁九十五至九十六。譯文見葉揚，《晚明小品文》，頁九十二至九十三，及卜立德，《古今散文英譯集》，頁八十九至九十。

42 **早年的戲班** 張岱，《陶庵夢憶》，卷四，篇十二；Brigitte Teboul-Wang法譯，《陶庵夢憶》，＃58，頁八十三至八十四；卡發拉斯（二〇〇七年），頁五十。

43 **女伶** 比較《陶庵夢憶》，卷四，篇十二，以及《陶庵夢憶》，卷七，篇八，記出遊賞雪的人名。

44 **張岱論伶人** 張岱，《陶庵夢憶》，卷四，篇十二；Brigitte Teboul-Wang法譯，《陶庵夢憶》，＃58，頁八十三至八十四。張岱援用船人的圖像，見宇文所安編，《中國文學作品選》，論西湖。名聲，張岱，《陶庵夢憶》，卷七，篇十六；Brigitte Teboul-Wang法譯，《陶庵夢憶》，＃109，頁一四一。

45 **朱雲崍** 張岱，《陶庵夢憶》，卷二，篇五；Brigitte Teboul-Wang法譯，《陶庵夢憶》，＃20，頁四十二至四十三。

46 **朱雲崍舉止過當** 張岱，《陶庵夢憶》，卷二，篇五；Brigitte Teboul-Wang法譯，《陶庵夢憶》，＃20，頁四十二至四十三。

47 **過劍門** 張岱，《陶庵夢憶》，卷七，篇十六；Brigitte Teboul-Wang法譯，《陶庵夢憶》，＃109，頁一四一。

48 **樓船** 張岱，《陶庵夢憶》，卷八，篇四；Brigitte Teboul-Wang法譯，《陶庵夢憶》，＃114，頁一四七。

49 **新秀** 張岱，《陶庵夢憶》，卷七，篇十二；Brigitte Teboul-Wang法譯，《陶庵夢憶》，＃105，頁一三六至一三七。他們的名字與平子的戲班，見張岱，《陶庵夢憶》，卷四，篇十二。

50 **女伶劉暉吉** 張岱，《陶庵夢憶》，卷五，篇十四；Brigitte Teboul-Wang法譯，《陶庵夢憶》，＃75，頁一〇三至一〇四。

51 **彭天錫**　張岱，《陶庵夢憶》，卷六，篇一；Brigitte Teboul-Wang法譯，《陶庵夢憶》，＃78，頁一〇九至一一〇。彭天錫的籍貫，見夏咸淳編，《陶庵夢憶》，頁九十三，註一。譯文見宇文所安編，《中國文學作品選》，頁八一八至八一九。

52 **彭天錫的表演**　張岱，《陶庵夢憶》，卷六，篇一；Brigitte Teboul-Wang法譯，《陶庵夢憶》，＃75，頁一〇九。譯文見宇文所安編，《中國文學作品選》，頁八一八至八一九。

53 **女伶朱楚生**　張岱，《陶庵夢憶》，卷五，篇十五；Brigitte Teboul-Wang法譯，《陶庵夢憶》，＃76，頁一〇四至一〇五；夏咸淳編，《陶庵夢憶》，頁九十一。

54 **朱楚生勞心忡忡**　張岱，《陶庵夢憶》，卷五，篇十五；Brigitte Teboul-Wang法譯，《陶庵夢憶》，＃76，頁一〇五。

55 **金山**　張岱，《陶庵夢憶》，卷一，篇六；Brigitte Teboul-Wang法譯，《陶庵夢憶》，＃6，頁二十六。譯文見葉揚，《晚明小品文》，頁八十七至八十八。宇文所安編，《中國文學作品選》，頁八一五至八一六，以及卡發拉斯（一九九五年），頁一五三至一五四，及（二〇〇七年），頁一一〇。卜正民，《為權力祈禱：佛教與晚明中國士紳社會的形成》(*Praying for Power: Buddhism and the Formation of Gentry Society in Late-Ming China*)，頁三十七至三十八。

第二章

科舉功名一場空

張岱平日居家讀書，從不為謀生操煩。他心裡很清楚，自己也不必為五斗米折腰，因為除非他功成名就，否則插翅也無法逃出樊籠。就算是得到功名，那也只是虛的，因為在榮華富貴之下，總有可能暗藏失敗伏流。

張岱所秉承的學問不只是死背幾本典籍而已，而是有可能皓首窮經，在私人藏書樓裡消磨一生，並把大好青春與家財用來準備科考。科舉考試考的是四書五經，到了最後階段，一考就是好幾天，是對心智的一大考驗。一旦金榜題名便能當官，榮華富貴隨之而來。在張岱的世界裡，不同輩分的人一同讀書並不足為奇：很多考生要到孩子生下之後才取得功名，有時還有子姪比父叔先通過科考。

對於富室之家而言，科考是人生必須面對的事——科考每三年舉辦一次，先要通過州縣考試取得「生員」資格，再到省城參加鄉試，取得「舉人」功名，最後只有少數菁英有資格到京城參加朝廷每三年舉行一次的「會試」。[1]

以張家為例，張岱把張家的書香傳家，歸功於高祖張天復。張天復生於正德癸酉，是紹興張家枝繁葉茂的第三個兒子。根據家傳，太高祖以其他兩個兒子都是讀書人為由，在天復幼時便要他從商。但張天復淚流滿面地懇請父親，若不讓他讀書，將會斷送他的一生——「兒非人，乃賈耶？」天復得到太高祖的肯允，從此焚膏繼晷讀書，終於在嘉靖二十六年（一五四七年）進士及第。[2]

張家書香傳家雖發祥於張天復，但科舉功名不免也讓他籠罩陰影。根據張岱的解釋，張天復淚眼懇求之後開始發憤讀書，他先是通過地方上的考試取得生員資格，準備前往省城杭州參加鄉試。但主考官徐文貞曾是張天復在紹興的業師，並於先前的考試將他置於第一。這時，徐文貞把他找來，協助他批閱他縣考生的試卷，並向他保證已將他列為頭等。張天復惟恐流言蜚語、瓜田李下，或者更糟，所以謙辭不肯附和徐文貞，徐文貞不敢置信，仍不死心地向他說：「以若首，第二以下，若自定之。」這段插曲（儘管只有張家人知曉）還是不免讓張天復的正直落人口實。[3]

張家人相信張天復讀書的地方有靈秀之氣，對於考取功名至為關鍵。對於年少的張岱而言，高祖張天復在這種環境中讀書實在是絕配。張岱在萬曆四十一年（一六一三年）到此處一遊，寫道：「筠芝亭，渾樸一亭耳……吾家後此亭而亭者，不及筠芝亭。後此亭而樓者、閣者、齋者，亦多不及。總之，多一樓，亭中多一樓之礙；多一牆，亭中多一牆之礙。太僕公（高祖）造此亭成，亭之外更不增一椽一瓦，亭之內亦不設一檻一扉，此其意有所在也。亭前後，太僕公手植樹皆合抱，清樾輕嵐，滃滃翳翳，如在秋水。」[4]

張岱認為家裡後來所建的亭子、樓閣，都比不上高祖張天復所建的筠芝亭，再高一層、多一道牆都嫌多餘，亭外亭內都不增一磚一瓦、一門一窗。張天復當年還種了樹，如今樹幹已有雙手合抱那麼粗，清風徐來，如在秋水。

相對於筠芝亭的完美，張岱凸顯了科考的現實。張岱以艾南英為例，此人在萬曆十八年參加鄉試落榜，之後到萬曆四十八年之間，一共考了七次都沒考上。張岱曾擇要記下，艾南英回想他當年是多麼努力，苦讀了三年又三年，想辦法去捉摸不同主考官的喜好，從不同時期的考試歸納出各種風格，還要貫通經典，上知天文，下知地理，通老莊，知兵法，求的就是通過科考。

艾南英還提到貢院裡無止無境的不便和屈辱；天剛破曉，跟一群直打哆嗦的年輕學子擠在貢院門口簽到，一手拿著筆硯，一手拖著床被，忍受著監考官以冰冷的手搜身，以防考生夾帶小抄，接著就要想辦法找到考棚。考棚甚為粗陋，夏日時塵土飛揚，考生揮汗作答，若是突然下起大雨，簡陋的屋頂又難擋雨勢，拚了命也得用衣服護住試卷。就算要找時間、地點上個廁所也不容易，而幾百個考生渾身汗臭，擠在貢院裡，使得惡臭難散。唯一的施恩是監考官一面遞巡考生席位，一面大聲念出考題，給像艾南英這樣視力差或是累得看不清題目的人聽。至於耳朵背的考生，監考官就會把考題寫在板子上。考完之後，考生還得忍受放榜前的煎熬。如果不幸落榜，考生心中也有數，又得面對黯淡的前景。艾南英留意到，考生就好比婦、奴，「以困折其氣者」。[5]

張岱對艾南英的解釋稍加補充。朝廷以八股文來「鏤刻學究之肝腸，消磨豪傑之志氣」，稍有不合格式之處都不行，就算是大學者，「滿腹才華，滿腹學問，滿腹書史，皆無所用之」；除非「心不得不細，氣不得不卑，眼界不得不小，意味不得不酸」。其結果是貽禍天下，能通過科考的人，「非日暮窮途，奄奄待盡之輩，則書生文弱，少不更事之人」。雖然科考的壓力這麼大、缺點這麼多，怪的是艾南英與張岱還是覺得科考有可取之處：苦讀與壓力造就了緊密的師生關係。要消磨時間不是只有閒暇度日一途，苦讀不倦更能成就大功業。[6]

當然，張家人未必能重演高祖張天復的成功。張天復的長子張文恭就是自幼體弱[7]，他的母親不准張文恭為求功名而苦讀。文恭怕母親生氣，於是把燈藏在房裡頭，等到母親進房就寢之後，張文恭才把燈點亮，開始熬夜讀書。張岱還說，張文恭為了昭雪沉冤而奔走，不到三十歲，髮鬚都已斑白。所以當文恭在隆慶五年（一五七一年）中進士狀元，族人鄰里都沒料到，同儕還戲稱他是「老狀元」。[8]

張文恭金榜題名，自然光耀了張家門楣，但是張岱知道張文恭的仕途並不順遂，反而讓張家承受壓力。[9]張岱寫道：「吾文恭一生以忠孝為事，其視大魁殿撰，為吾忠孝所由出，則大魁殿撰是吾地步，非福德也。其視為福德者，則為享福之人；其不視為福德而視為地步者，則仍為養福之人也。不然，而飲食宮室之奉，文恭何求不得？而種種之不如後人，何也？」

張岱對祖父張汝霖的描述則更令人費解。張岱說祖父的書法「醜拙」，覺得他有著某種「直聽之」，而與其他的讀書人格格不入。這並不是說他魯鈍。張汝霖一如其他的張家人，有捷才，能在不意之處出妙語，展現淵博學問。

有個例子是高祖張天復的朋友徐渭（文長）以殺人被判死刑，張天復帶著還是垂髫小兒的張汝霖去探監。兩人交談不過一盞茶的工夫，張汝霖就能用了兩個貼切的比喻，而讓徐文長不禁嘆道：「幾為後生窺破。」問題是張汝霖總是想照自己的意思來做事。用張岱的說法，他的祖父「益勵精古學，不肯稍襲佔得，以冀詭遇」。甚至張家出錢讓張汝霖入太學，也不用他為家裡的田產或其他事情操煩，都沒辦法讓他的個性變得比較收斂，或是想要競逐科舉功名。[10]

張汝霖最後總算覺得準備好參加鄉試，但剛好父母相繼辭世——父親在萬曆十六年去世，母親則在萬曆十九年。按照傳統，父母去世，子女必須守喪兩年三個月。守喪期間，既不能任官，也不能參加考試，但還是可以讀書。於是張汝霖先在紹興家產龍光樓讀書，之後在萬曆二十二年又到南京雞鳴山。但是張汝霖在雞鳴山讀書時得了眼疾，「晝夜不輟，病目眚，下幃靜坐者三月」。[11]不過，張岱記載，雖然遭遇變故，祖父張汝霖還是不改其志。朋友到張汝霖的房間裡，以經書的內容切磋討論，而張汝霖「入耳文立就」。張岱認為這段心智淬煉不但幫了祖父在萬曆二十二年鄉試中舉，也讓他在次年進京應試，並以三十九歲之齡會試及第，過了不久，張岱就出生了。

但張岱還是覺得祖父在萬曆二十二年鄉試中舉的過程仍有隱晦不明之處，於是就花了一點時間去釐清來龍去脈。張岱在自述中提到，祖父準時應試，振筆疾書，中午不到就寫好卷子。卷子先交給教諭考官，進行初步批閱，結果他把張汝霖的卷子都列為「不適」，再把他認為寫得好的卷子「上大主考李九我公，覺不佳，令再上，上之不佳，又上，至四至五，房牘且盡矣，教諭忿恚而泣」。[12]

大主考李九我清點了試卷數目，發現少了七份卷子，於是就問教諭是怎麼回事。教諭答說：「七卷大不適，留作笑資耳。」李九我命其找出這七份卷子，照張岱的說法：「公一見，撫掌稱大妙，洗卷更置丹鉛。易經以大父擬元，龔三益次之，其餘悉置高等。」

主考李九我雖然有意把張汝霖放在榜首，但是「南例無冑子元者」，官員的長子不能放在榜首，這是南方的慣例，所以大主考李九我就以龔三益掄元，張汝霖放在第六位。後來李九我對別人說，這麼做有違自己的良心，「此瞞心昧己事也」。科考有許多不成文的規矩，其中之一就是上榜的考生要向主試考官表示謝意。張汝霖也照規矩行事，「揭榜後，大父往謁房師（也就是前面提到的那位教諭），房師闔門拒之曰：『子非我門人也，無溷我。』」

三年考一次的鄉試一如進京會試，過程複雜，規矩又多，應試的考生有數百乃至上千之多，耗時數日，顯然張岱為求敘述精彩而把過程簡化了一些。但重點是主考官李九我能隨機應變，又能惜才，教諭則是照章辦事，不知變通，容不得考生有異見。幸好張汝霖的才情能獲得賞識，脫穎而出。如果被打入冷宮的這七份卷子果真寫得很好，這或許說明了教諭對向來囊括榜單的紹興人心存偏見，要不然就是他有特定的人選想呈給主考官。張汝霖後來當官，也做了主考，便特別留心榜單以外的考生，是否有遺珠之士，但是最後卻因時常力排眾議，而遭到解職。[13]

張岱筆下的文人世界充斥各種矛盾：一邊是令人目眩的名望與機會，一邊是鬱悶、沮喪，甚至肉體的衰亡。張岱繼續細數參加科舉的族人，父親張耀芳也經歷類似的困頓與疾病糾纏。說到這裡，張岱的語調更為粗澀，父親早年的生活順遂，但隨即困頓。萬曆二年（一五七四年），張耀芳生在紹興，自幼「靈敏」，很早就開始讀書，「九歲即通人道」。張耀芳十四歲就取得生員，有資格參加鄉試。但之後將近四十年，張耀芳埋首苦讀。幼年對讀書的熱愛，如今轉為抑鬱牢騷，使得他情緒低落、為胃疾所苦，視力也幾乎失去——或許也是因為遺傳自父親的眼疾。張岱還在私塾念書時，父親「雙瞳既眊」，已近乎眼盲，但仍然讀書不輟。張岱後來寫道：「漆漆作蠅頭小楷，蓋亦樂此不為疲也。」顯然是剛從外國傳來的科技救了張耀芳的視力，「猶以西洋鏡掛鼻端」，讓他又能讀書，到了五十三歲，才終於上了鄉試副榜。[14]

根據張岱的記述，他的叔伯各有因應科考之道。像是季叔燁芳[15]曾仔細看過親戚為了科考所讀的書，頗為不齒，「徒爾爾，亦何極？」但是張燁芳為了證明自己的能耐，在萬曆三十三年（一六〇五年）「下帷讀書，凡三年，業大成」。但張燁芳還是無意功名，也從未嘗試，過著揮霍不羈的生活。更複雜的是張岱九叔（九山）與十叔（煜芳）的關係。十叔顯然占了一些優勢，「少孤，母陳太君鍾愛，性剛愎，難與語。及長，乖戾益甚，然好學，能文章，弱冠補博士弟子」。主考官從眾考生之中選了張煜芳，提供津貼，讓他去考鄉試，長達三十多年。但是，這麼優渥舒服的日子並沒有稍解張煜芳的壞脾氣。崇禎六年，張煜芳的九兄張九山中進士第，有旌旗匾額送至，掛在家門之上，惹得他語帶輕蔑罵道：「區區鼇進士，怎入得我紫淵（十叔的號）眼內！」照張岱的描述，十叔張煜芳「裂其旗，作廝養褌，鋸其幹，作薪炊飯，碎其匾，取束諸柵」。[16]

張煜芳雖然脾氣暴躁，管不住自己，又善妒成性，但他對於科舉制度本身顯然並不仇視。過了十二年後，崇禎十三年（一六四〇年），朝廷欲收天下人才，以解決燃眉弊端，於是就下令吏部破格開科進用，結果張煜芳名列特科二等第十九名，補刑部貴州司主事一職。[17]

那麼，張煜芳的學問如何呢？張岱則是一語帶過：「紫淵叔剛戾執拗，至不可與接談，則叔一妄人也。乃好讀書，手不釋卷，其所為文，又細潤縝密，則叔又非妄人也。」意思是說張煜芳脾氣暴躁，別人很難跟他說話。但是他又喜歡讀書，文筆「細潤縝密」，由此來看，他又不是個「妄人」。諸如此類的矛盾，竟然集勤學與暴戾於一身。

我們從張岱祖父、父親的生平可看到，張家學子多有失明之虞。祖父是以處暗室以恢復視力，父親靠的則是眼鏡。明朝時已可買到眼鏡，一副眼鏡值白銀四兩。[18]但是比張岱小十歲左右的堂弟張培在五歲便雙目失明，藥石罔效。根據張岱的說法，失明不是日夜苦讀的緣故，而是因為張培喜歡吃甜食，加上親戚縱容，這孩子要吃什麼甜的，全都順他的意。等到大人察覺張培的視力迅速退化時，就算是祖母「費數千金」，求遍天下名醫也沒用。[19]

張培很快就適應，張岱說到此事語帶讚歎：「伯凝（張培的字）雖瞽，性好讀書，倩人讀之，入耳輒能記憶。朱晦菴的《綱目》百餘本，凡姓氏世系，地名年號，偶舉一人一事，未嘗不得其始末。昧爽以至丙夜，頻聽之不厭，讀者舌敝，易數人不給。所讀書，自經史子集以至九流百家、稗官小說，無不淹博。」雖然張培的眼睛看不見，但他生來喜歡讀書，於是雇人讀書給他聽。張培過耳不忘，朱熹的《資治通鑑綱目》共有一百多卷，他全記得一清二楚。讀的人口乾舌燥，換了好幾個人，但張培從早聽到晚，仍然聽不倦。[20]

張培兼採各家說法，所以在選擇自己的人生路時也較為審慎。張岱詳細記下：「（張培）尤喜談醫書，《黃帝素問》、《本草綱目》、《醫學準繩》、《丹溪心法》、《醫榮丹方》，無不畢集。」張岱說張培「架上醫書不下數百餘種」，而張培一如以往，每本書都找人來讀給他聽，只要聽過就能記住。張培也慢慢開始把心力集中來研究「脈理」。一個失明的人能鑽研脈理，自然讓人佩服：「凡診切諸病，沉靜靈敏，觸手即知。」

張培對各種草藥的藥性瞭若指掌，醫術因而更上一層樓，上門求醫的人很多。張培命人謹遵名醫古法炮製草藥：「凡煎熬蒸煮，一遵雷公古法。」張培抓藥時仔細的程度，讓張岱很佩服。張培「不盥手」是不開藥罐的，抓藥、磨藥粉也是非常用心，務求劑量準確。而且張培為人仁厚大方，他的父親早逝，所以族人有難，都是由張培照顧料理。其結果就是「凡有病者至其齋頭，未嘗齎一錢而取藥去者，積數十人不厭，捨數百劑不吝，費數十金不惜也」。

或許是因為張家人體弱易病，而身為長孫的張岱特別聰明但又多病，所以張汝霖對他疼愛有加。張岱後來提過幾次隨祖父出遊的經驗，尤其是到龍山附近幾處美侖美奐的書房、林園。其中又以建在龍山北麓的「快園」最為講究。

張岱對快園的記憶絲毫不爽：「余幼時隨大父常至其地，見前山一帶有古松百餘棵，蜿蜒離奇，極松態之變。下有角鹿麂鹿百餘頭，盤礴倚徒。朝曦夕照，樹底掩映，其色玄黃，是小李將軍金碧山水一幅大橫披。『活壽』、『意園』之外，萬竹參天，面俱失綠，園以內，松徑桂叢，密不通雨。亭前小池，種青蓮極茂，緣木芙蓉，紅白間之。」張岱記得，園內景致變化多端，百看不厭：「水復腸迴，是以易勿闕。晏如手卷，段段選勝，開門見山，門牖見水。前有園地，皆沃壤高畦，多植果木。公旦在日，筍橘梅杏，梨楂菘蓏，閉門成市。」就如祖父對張岱所說的，龍山的快園「別有天地非人間也」。[21]（譯按：快園原是朝廷重臣之宅邸，其婿諸公旦改爲精舍，讀書其中，婦翁曰「快婿也」，因此之爲園名。）

龍山在紹興城內西北側，張岱有許多最早的記憶都跟此處有關。龍山其實只是一座山丘，有一側陡峭，高不到百尺，平易可親，無迷路之虞：只消一盞茶的時間便可抵達山頂，遊歷頂峰不過一柱香的工夫。遊人可沿著小徑穿越林間，信步石階，在各處名勝憩息片刻，或是造訪位置各有奇巧的寺廟。若是登上觀景臺，從樹稍之上鳥瞰全城：西北方自城牆至山陵，形成紹興與杭州之間的屏障；東北有錢塘江橫亙，奔流入海；南有房舍櫛比鱗次，屋後河道交錯，是旅人商貨往來的交通衢道，另有兩座高塔，在城內各處都可看到；過了乞門城牆，山陵更為綿延高聳，本城官差鮮少到此處。張家就跟紹興城內許多有錢人家一樣，所住之處背倚龍山，園林寬敞，庭院勻稱有致，起居空間依輩分、性別、地位而細加區隔。張岱是長房長子長孫，由祖父張汝霖親自調教呵護，他在家中的地位自是不凡。

張汝霖顯然對張岱寄予厚望，幾度帶著他遊賞「快園」，但這也或許是想讓他忘掉書房被仲叔張聯芳所毀的傷痛。張岱曾寫道，他在五歲第一次見到這讀書的所在，覺得極為理想：這間書房係亭式建築，其設計有立於樹梢之上，因而名為「懸杪亭」，典出唐代詩人杜甫祖父杜審言的詩句「樹杪玉堂懸」。張家孩童的教育多始於冶遊、作對聯，以及對往昔的緬懷。張岱記得懸杪亭「在一峭壁之下」，「木石撐距，不藉尺土，飛閣虛堂，延駢如櫛。緣崖而上，皆灌木高柯，與簷甃相錯」。[22]

然而，如此快意生活，卻是注定劫數難逃。這回是張岱父親的大弟——張岱從小跟他玩在一起——葬送了這段愜意歲月。張岱記得：「後仲叔廬其崖下，信堪輿家言，謂礙其龍脈，百計購之，一夜徙去，鞠為茂草。兒時怡寄，常夢寐尋往。」[23]

張汝霖對長孫張岱的教育似乎有所宏圖，還帶他一同去見大學者黃貞父（譯按：黃汝亨，一名於寓庸，字貞父、仁和，浙江杭州人），張岱對這件事留下了詳細的記載。黃貞父在萬曆二十六年（一五九八年）中進士，後來歸隱杭州城西，結廬山下，闢課授徒。張汝霖或許希望黃貞父能答應收張岱為弟子，跟他讀書。等到張汝霖祖孫來到黃貞父的山廬，才發現投入門下受業恐怕不可行。張岱後來回憶小時候的這次拜訪：「四方弟子千餘人，門如市。」黃貞父面黧黑，多髭鬚，目光炯炯，笑口常開，有一心多用的能耐：「交際酬酢，八面應之。耳聆客言，目覩來牘，手書回札，口囑傒奴，雜沓於前，未嘗少錯。」黃貞父為人好客，慷慨大度，來客無分貴賤，人人都能飽餐安眠。[24]

張岱並未正式拜師黃貞父門下，但二十年來，黃貞父與張岱的祖父張汝霖陸續有所交集，時而融洽，時而較勁。兩人還一度同在南京做官，共結「讀史社」，互贈文章。張汝霖於天啟五年（一六二五年）去世，張岱在次年還舊地重遊，去了一趟黃貞父的杭州山廬。結果山廬一片荒蕪：黃貞父在張汝霖死後不久也告謝世，靈柩就放在大堂裡，昔日人聲鼎沸，如今卻是凋敝傾圮。

張岱當年來訪，覺得黃貞父書房外的砌石嬌如山茶，如今卻是「風雨落之，半入泥土」，任誰來都可出入其間，「如蝶入花心，無鬚不綴也」。看在已長大成年的張岱眼中，似乎就只是黝黑浸潤而已。一個想法突然湧上張岱心頭，何不把黃貞父的荒廢房產租下，獨自住在這破敗大堂裡，「以石礫門，坐臥其下，可十年不出也」，過著最簡單的生活，「身外長物則瓶粟與殘書數本而已」。然而為現實所迫，張岱這一時興起的念頭也只得作罷。[25]

黃貞父既然無法親自調教張岱，張汝霖也就盡力來栽培他。張汝霖收藏的書冊、抄本十分豐富，張岱也不避諱，曾說到家中藏書的一部分如何成為他所擁有。「余家三世積書三萬餘卷，大父詔余曰：『諸孫中惟爾好書，爾要看者，隨意攜去。』余簡太僕文恭大父丹鉛所及有手澤存焉者，彙以請，大父喜，命舁去，約二千餘卷。」[26]（譯按：「卷」是一種合訂的單位，舉凡十二、六十或者更多頁數，其數不拘，裝訂成大小不等的冊本。）

根據張岱後來的記述，祖父教他讀書的方法並不拘泥。照當時的考試規矩，考生第一場考「四書」，這是從十二世紀末朱熹集注便訂下來的；第二場考「五經」，相傳乃是孔子在公元前五世紀輯成。每個學生必須從「五經」擇一來深入鑽研。照張岱所言，祖父專精《易經》。第三場考「策問」，題目也是從四書五經出來的，但也是就當時切身所需的經世濟民之論加以抒發。

最優秀的學子花了非常多的時間在浩繁的經文註釋上頭，但張岱說，祖父不許他依隨俗套：「余幼遵大父教，不讀朱註。凡看經書，未嘗敢以各家註疏橫據胸中。」張岱從祖父身上學到，若是靠註疏，只能抓到一成原意而已，必須靠靈光乍現——這個想法在十六世紀末的某些讀書人之間很盛行。張岱回想當年讀書時，「正襟危坐，朗誦白文數十餘遍，其意義忽然有省。間有不能強解者，無意無義，貯之胸中，或一年，或二年，或讀他書，或聽人議論，或見山川、雲物、鳥獸、蟲魚，觸目驚心，忽於此書有悟，取而出之」。[27]

靈光乍現的片刻可遇而不可求，就算是苦思註疏也不可得，只能「直於途次之中邂逅遇之也」，且是出奇遇合，譬如見道旁蛇群相鬥，或大孃舞劍器，悟出筆法。張岱寫道：「其所遇之奧竅，真有不可得而自解者矣。推而究之，色聲香味，觸發中間，無不有遇之一竅，特留以待深心明眼之人，邂逅相遇，遂成莫逆耳。」

張岱雖有祖父的鼓勵，但一直都沒通過鄉試。（張岱屢試未中，以致情緒低落，至少有一段時間是頗為失意的，幸好有弟弟與好友祁彪佳從旁相勸。）[28]張岱雖然與功名無緣，但也一直嗜讀不輟。他雖對科舉制度心存芥蒂，但似乎藉著對典籍有自己一套獨特的深刻看法，而能從祖父的功名中得到慰藉。張岱甚至還期待，說不準哪天會有主考官賞識他的學識，張岱自己的說法是「古人精思靜悟，鑽研已久，而石火電光，忽然灼露，其機神攝合，政不知從何處著想也。舉子十年攻苦，於風簷寸晷之中構成七藝，而主司以醉夢之餘，忽然相投，如磁引鐵，如珀攝芻，相悅以解，直欲以全副精神注之」。[29]

張汝霖也有他輕鬆的一面，偶爾會表現在張岱這個孫子的面前。張汝霖曾為弟弟張汝森（也就是張岱的叔公）寫了一篇文字精妙、格律森嚴的文章，讓張岱印象尤其深刻。當時張岱十五歲，而祖父與叔公想必讓他深覺遊龍山樂趣無窮，讀書之樂也不在功名而已。張岱寫道：「族祖汝森，貌偉多髯，人稱之曰髯張。好酒，自曉至暮無醒時。午後，岸幘開襟，以鬚結鞭，翹然出頷下。逢人輒叫嚎，拉至家，閉門轟飲，非至夜分席不得散。月夕花朝，無不酩酊大醉。人皆畏而避之。」但張岱進一步說，汝森性好山水，「聞余大文出游，杖履追陪，一去忘返」。[30]

兩老手足情深，張汝霖對弟弟汝森的嗜好也不以為忤，還煞有介事寫了一篇漂亮的文章，措辭莊嚴，寫的卻是胡鬧之事，形成對比，煞是有趣。據張汝霖的說法，這篇文章寫於萬曆四十年（一六一二年），張汝森修葺一軒亭，以供來訪賓客一同飲酒之用。張汝森請兄長為這新建明軒命名，張汝霖於是題以「引勝」，並作〈引勝軒說〉，解釋名稱由來：「吾弟眾之（汝森之字），性嗜酒，一斗貯腹，即頹然臥，不知天為席而地為幕也。余嘗許眾之得步兵之趣，卜居龍山之陽。居未成，先構一軒以供客，曰：『吾不可一日無酒。』因問名於余，余題以『引勝』。眾之瞪目視曰：『此何語？我不解義，毋作義語相向。』予徐舉王衛軍『酒正是引人著勝地』語未絕，眾之跳曰：『義即不解，但酒道即得。』」[31]

張汝霖喜好鑽研文字義理，張岱在別處提到，祖父正在編纂一部辭典，便把辭典編纂之理和酒並列觀之：「夫世人為文義纏結，至吚唔作苦，曾不得半字之用者，殆以義縛耳。且文義至細者也，粗至於富貴，大至於死生，糾緜結約，膠不可解。甚或慕富貴，將捐死生，尊死生，又將脫富貴，而不知兩皆縛也。深於酒者，有之乎？」

「眾之嘗云：『天子能驚人以富貴，吾無官吏輕，何畏天子？閻羅老子能嚇人以生死，吾人奉攝即行，何畏閻羅？』」

「此所得於酒者全矣！」張汝霖以道家思想繼續闡述：「全於酒者，其神不驚，虎不咋也，墜車不傷也，死生且芥之矣，而況於富貴，又況於文義？」張汝霖知道汝森雖然不解軒名之義，但其實已了然於胸了。

「酒是眾之勝場」，這是張汝霖的結論。「安可與爭鋒？且彼但知酒，而吾與爾復冥搜沉想，墮於義中，是為義縛也。……余量最下，效東坡老盡十五琖，為鼠飲而已矣。」張岱則用短短三句話，總結叔公張汝森的餘生：「鬚張笑傲於引勝軒中幾二十年。後以酒致病，年六十七而卒。」[32]

祖父於天啟五年（一六二五年）去世，此時張岱二十八歲，剛好人在杭州，所以無力保全祖父的藏書：「大父去世，余適往武林，父叔及諸弟、門客，匠指、臧獲、巢婢輩亂取之，三代遺書一日盡失。」[33]

如果說蒐羅藏書如此不易，但是飄零四散卻是轉眼間事，那麼書又如何能引領人探索更深邃的知識？隨著年歲漸長，張岱對此愈感遲疑，他在文字中也不斷忖思，自己為何花這麼多時間作各種知識的探索。這不只是說科考不值得費心花錢，而是追求學問本身到頭來也是枉然。怪的是張岱卻以他所敬愛、甚至敬畏的祖父為例，仔細探討這個主題。張岱的祖父張汝霖雖有才氣，但卻把餘生投注在一個不可能的夢想——編纂一部大辭典，盡收天下知識，並按音韻編排。張岱寫過一篇名為〈韻山〉的文章，說他不曾看過祖父沒有一卷在手，而書齋裡卷帙正倒參差，積了厚厚的灰。天光亮，祖父就把書帶到外頭，就著日光讀書。日落之後，他便點起蠟燭，「輒倚几攜書就燈。」他就這麼讀到深夜，不露疲態。[34]

張汝霖說前人所編的辭典都不盡正確，於是決心自己編一套，取山之譬喻來加以組織編排：摘其耳者曰「大山」，摘其語者曰「小山」，事語已詳本韻而偶寄他韻下者曰「他山」，膾炙人口者曰「殘山」。張岱說在此「韻山」中，滿卷都是祖父的蠅頭細字，「小字襞積，煙煤殘楮，厚如磚塊者三百餘本」。某些韻腳甚至寫滿了十幾本。

有一天，有個朋友從北京帶了一部《永樂大典》的抄本給張汝霖，卷帙浩繁，蒐羅齊備，論編排、論規模都比張汝霖所編的要高明。張汝霖不禁嘆道：「書囊無盡，精衛銜石填海，所得幾何。」三十年的心血棄於一旁，自此未再歸返「韻山」。就算祖父完成了這項大業，張岱認為「亦不能刻」。辛苦了三十年，除了「筆冢如山，紙堪覆音瓿」之外，一無所獲。

張岱或許會同意，以一人之學力，總難與朝廷傾全國之力相比。他一方面惋惜祖父的心血付諸東流，但又尊敬、推崇祖父曾經這麼做過。祖父辭世多年後，張岱說他不曾想過毀掉這部巨著的手稿，還把它藏在龍山自宅。丙戌年間（一六四〇年代），紹興受兵禍外夷所侵擾。張岱費盡心思，把「韻山」的手稿都藏在鄉下寺廟的藏經閣。[35]這麼一來，至少後人有機會瞭解張汝霖的構想，續成大業。

註釋

1 **科舉制度** 艾爾曼（Benjamin Elman），《中華帝國晚期科舉制度的文化史》（*A Cultural History of Civil Examinations in Late Imperial China*）一書是中國科舉制度和細節最全面性的引介。柯爾（James Cole），《紹興：十九世紀中國的競爭與合作》（*Shaoxing: Competition and Cooperation in Nineteenth-Century China*）。有關當時作弊和夾帶小抄的討論，見周佳榮（Chow Kai-wing），〈追求成功的書寫：晚明中國的印刷、科考和知識的變遷〉（Writing for Success: Printing, Examinations and Intellectual Change in Late Ming China），尤其見頁一二六至一二七。

2 **天復的雄心** 天復考試，見張岱著，夏咸淳點校，《張岱詩文集》，頁二四四；《明人傳記辭典》，頁一一〇至一一一，「張元忭」；《紹興府志》，四十二／五十二，重印本，頁一三七。

3 **天復的評等** 這段插曲見張岱所寫的天復傳記，張岱著，夏咸淳點校，《張岱詩文集》，頁二四四。這位主考官是華亭的徐文貞。天復的哥哥，正德十一年中舉，根據《紹興府志》，三十二／三十七，隨後繼續與天復在天衣寺讀書。

4 **天復的書房** 張岱，《陶庵夢憶》，卷一，篇七；Brigitte Teboul-Wang法譯，《陶庵夢憶》，#7，頁二六至二七。它的位置，詳見夏咸淳編，《陶庵夢憶》，頁十三，註一、二。卡發拉斯（二〇〇七年），頁六十二至六十三的討論。

5 **艾南英和科考** 張岱以艾南英為例論科舉考試的文章，見張岱，《石匱書》，卷十七，頁一至六b（上海重印本，卷三一八，頁四一九至四二二）。周佳榮的《近代中國初期的印刷、文化和權力》(*Publishing, Culture, and Power in Early Modern China*)，及卡發拉斯（二〇〇七年），頁一二八，亦扼要說明這篇文章。艾南英的傳記，見《明史》，卷二八八（重印本，頁三十二至四十一）。有關告示板子，見艾南英，張岱，《石匱書》，卷二十七，頁三b（上海重印本，頁四二〇）。

6 **八股文制度** 張岱，《石匱書》，卷二十七，頁一b至二（上海重印本，頁四一九至四二〇）。艾南英的評論，張岱，《石匱書》，卷二十七，頁六b（上海重印本，頁四二二）。

7 **文恭的健康狀況** 《明史》，頁三一九一（卷二八三）。

8 **老狀元** 張岱著，夏咸淳點校，《張岱詩文集》，頁二四八至二四九。有關徐渭故事和雲南之役的梗概，見《明人傳記辭典》中徐渭和張元忭的傳記。

9 **文恭的典範** 張岱著，夏咸淳點校，《張岱詩文集》，頁二五〇至二五一。文恭的大器晚成：張岱著，夏咸淳點校，《張岱詩文集》，頁二四七。文恭的友人：他的主要學伴是朱賡和羅萬華，有關他們的科舉功名，見《紹興府志》，頁七二八至七二九（三〇／四十六b至四十七）。

10 **祖父讀書** 張岱著，夏咸淳點校，《張岱詩文集》，頁二五一至二五五。萬曆二十二年中舉、萬曆二十三年成進士。徐渭的入獄、自殺及其個性，見《明人傳記辭典》，頁六〇九至

六一二、六一一。

11 **祖父的眼疾** 張岱著，夏咸淳點校，《張岱詩文集》，頁二五二。

12 **祖父的鄉試** 張岱著，夏咸淳點校，《張岱詩文集》，頁二五二。對考試制度的各方面評價，大致上與張岱的觀點同，見艾蒂安（Etienne Zi），《中國科舉考試制度》(*Pratique des examens litteraires en Chine*)，頁一〇七、一三〇、一四二至一四三、一五二、一五九。祖父列第六名，是極大殊榮，見艾蒂安，前揭書，頁一五三。有關科舉制度，可參考艾爾曼，《中華帝國晚期科舉制度的文化史》。

13 **祖父丟官** 祖父主考時不同旁人的選擇標準，見張岱著，夏咸淳點校，《張岱詩文集》，頁二五三的解釋。

14 **父親的科考和視力** 張岱著，夏咸淳點校，《張岱詩文集》，頁二五五。

15 **季叔張燁芳** 張岱著，夏咸淳點校，《張岱詩文集》，頁二六五。

16 **十叔的狂暴** 張岱著，夏咸淳點校，《張岱詩文集》，頁二七三。前揭書，頁二七二，提到陳太君是兩人的母親。《紹興府志》，重印本，頁七三二（三十一至五十三b），記載九叔張九山是在崇禎元年中進士第。

17 **破格開科** 張岱著，夏咸淳點校，《張岱詩文集》，頁二七四至二七五，貴州司主事。對張岱來說，十叔張煜芳氣之剛狠，與荊軻無異，見《張岱詩文集》，頁二七六。

18 **眼鏡的價格**　在一五七〇和一六四〇年之間，眼鏡一般的價格是四到五兩。見周佳榮，《近代中國初期的印刷、文化和權力》，頁二六二，附錄四。

19 **張培的視力**　張培，字伯凝；見張岱著，夏咸淳點校，《張岱詩文集》，頁二八〇。

20 **張培的記憶和醫術**　張岱著，夏咸淳點校，《張岱詩文集》，頁二八。《資治通鑑綱目》是朱熹的著作。九流之分是由劉歆所作。還可參考《紹興府志》，七十／二十三b（重印本，頁六九二）。張岱與張培年齡相差十一歲，見張岱的〈祭伯凝八弟文〉，張岱著，夏咸淳點校，《張岱詩文集》，頁三五九。

21 **祖父與快園**　〈快園記〉，張岱著，夏咸淳點校，《張岱詩文集》，頁一八一至一八二。

22 **懸杪亭**　張岱，《陶庵夢憶》，卷七，篇六；Brigitte Teboul-Wang法譯，《陶庵夢憶》，＃99，頁一三二。張岱說他六歲，根據西方人的算法應該是五歲。

23 **毀亭**　張岱，《陶庵夢憶》，卷七，篇六；Brigitte Teboul-Wang法譯，《陶庵夢憶》，＃99，頁一三二。

24 **造訪黃貞父**　張岱，《陶庵夢憶》，卷一，篇十一；Brigitte Teboul-Wang法譯，《陶庵夢憶》，＃11，頁三十至三十一。

25 **黃貞父生平**　祖父與黃貞父的關係，見張岱著，夏咸淳點校，《張岱詩文集》，頁二五二至二五三。黃汝亨的字、號，見夏咸淳編，《陶庵夢憶》，頁十六，註二、三；Brigitte Teboul-

Wang法譯，《陶庵夢憶》，頁一六五，註五十四至五十七；以及《明人傳記辭典》，七十九。張岱於天啟六年重遊，見張岱，《陶庵夢憶》，卷一，篇十一；Brigitte Teboul-Wang法譯，《陶庵夢憶》，#11，頁三十一。

26 **張家藏書** 張岱，《陶庵夢憶》，卷二，篇十五；Brigitte Teboul-Wang法譯，《陶庵夢憶》，#30，頁五十一至五十二；卡發拉斯（一九九五年），頁一〇三，及（二〇〇七年），頁五十九至六十。

27 **祖父和注疏** 主要來源是張岱的《四書遇》序文，亦可參考張岱著，夏咸淳點校，《張岱詩文集》，頁一〇七至一〇八。

28 **張岱的沮喪** 見祁彪佳的日記（一九九二年重刊），崇禎八年，十／二十八、十一／一。張岱幼年時的其他疾病，見張岱著，夏咸淳點校，《張岱詩文集》，頁二九六。

29 **張岱科考的期望** 張岱，《四書遇》序文。

30 **好酒的汝森** 「髯張」。見張岱著，夏咸淳點校，《張岱詩文集》，頁二七〇至二七二。

31 **祖父的文章** 收錄在傳記中，見張岱著，夏咸淳點校，《張岱詩文集》，頁二七〇至二七二。

32 **張岱論酒** 張岱，《陶庵夢憶》，卷八，篇三；Brigitte Teboul-Wang法譯，《陶庵夢憶》，#113，頁一四六至一四七；卡發拉斯（二〇〇七年），頁三十。張岱口是心非，顯然他並不全然厭惡喝酒。張岱在結論處，將汝森的飲酒和屈原名著〈離騷〉的情緒相提並論。

33 **藏書四散**　張岱，《陶庵夢憶》，卷二，篇十五；Brigitte Teboul-Wang法譯，《陶庵夢憶》，#30，頁五十一至五十二。

34 **祖父的韻山**　張岱，《陶庵夢憶》，卷六，篇五，〈韻山〉；Brigitte Teboul-Wang法譯，《陶庵夢憶》，#82，頁一一三至一一四。全文翻譯，見卡發拉斯（二〇〇七年），頁三十一至三十二。

35 **藏匿手稿**　張岱，《陶庵夢憶》，卷六，篇五；Brigitte Teboul-Wang法譯，《陶庵夢憶》，#82，頁一一四，註一二二、三九一；夏咸淳編，《陶庵夢憶》，頁九十八，註九，提到藏書位置在紹興以南九里山中，而用不同名稱。

第三章

書香門第說從頭

張岱的父親張耀芳常說張岱的出世應驗了算命的靈驗：張岱把這件事以據實的筆調記下，但又予人諱莫如深之感，彷彿他自己的一生的確命懸於此：「先君言乩仙供余家壽芝樓，懸筆掛壁間，有事輒自動，扶下書之，有奇驗。娠祈子，病祈藥，賜丹詔取某處，立應。先君祈嗣，詔取丹於某簏臨川峰內，簏失鑰閉久。先君簡視之，鑛自出觚管中，有金丹一粒，先宜人吞之，即娠余。」[1]

不過，張岱的母親對懷胎一事則另有一套說辭。她後來告訴張岱，她在懷張岱之前就開始念「白衣大士咒」，祈求觀世音菩薩保佑。生產過程不順，但張岱母親依舊繼續持咒，以至於在張岱心裡，他來到這個世界時，也進入了母親念經之中。即使母親在萬曆四十七年（一六一九年）去世，但張岱覺得誦經之聲仍未絕：「雖遭劫火，燒之不失也。」張岱到了晚年還說：「常常於耳根清淨時，恍聞我母念經之聲。」母親的故事已經成為張岱生命的一部分，「振海潮音，如雷灌耳」。就算事隔多年，但張岱一想到母親的聲音，母親的身影就浮現心中。[2]

張岱與母親相處的記憶又是不同，但也點滴心頭。張岱年紀還小的時候，母親帶他到離家西北方五十餘里省城杭州的佛寺進香。張岱幼年多病，肺積水，須服用母親親戚調配的珍貴藥方，或許這正是此行的目的。這間廟建於十世紀，當地人稱之為「高麗寺」，以紀念高麗王子供奉稀世佛經。這部佛經也一直藏在八角藏輪之中：香客相信在轉動藏輪時，就跟自己在念經一樣，都會得到保佑。張岱始終都記得母親動作的順序：「出錢三百，命輿人推轉輪藏，輪轉呀呀，如鼓吹初作，後旋轉熟滑，藏轉如飛，推者莫及。」[3]

張岱的母親本家姓陶，娘家就在紹興城東的會稽。陶家嫁女兒時，只消往西北走到山陰，張家就住在此地的龍山。紹興是個富庶的大城，所以張家跟幾戶會稽的人家成婚，對雙方都有好處。張家藉此可避免近親通婚的危險，又能在當地建立人脈、金脈。這種關係網絡對每一個家族成員都很重要，因為律例禁止在籍任官，以避免貪贓枉法，徇私舞弊之情事：所以，張岱一族都不可能在浙江任官，自然也不可能在紹興做官了。

依此律例推斷，若是碰上同鄉的主考官，就算他已經離鄉數十年，也不可能被錄取。不過紹興人當然可以延請當地文人來教書，紹興人到了外省也會跟老家在紹興的官員、商賈往來或做生意，或者投宿由紹興人經營、主要給紹興人住的客棧，在此吃紹興菜、喝紹興酒，放心用紹興話交談。通常他們出門旅行也會帶著紹興女子作伴，一離家就是好幾年的時間，把元配、年邁雙親和幼子留在老家。[4]

因為深深瞭解到嫁入山陰張家的女人，在歷代不同階段中都扮演了重要角色，張岱不僅鋪陳男性先祖的科考之路，更同樣用心地記錄這些女性。高祖張天復娶了劉氏，自己也在嘉靖二十二年（一九四三年）中舉，嘉靖二十六年（一九四七年）成進士。丈夫金榜題名，劉氏自然很高興，但她也留心丈夫仕途的起落與命運的興衰。劉氏相信，尋常之家有此成就已經夠了，「知足」最是關鍵。[5]

嘉靖三十七年（一五五八年），張天復新官上任，督學湖南，長子文恭（時年二十歲）又高中舉人。對劉氏而言，人生至此應該別無所求了，於是勸夫婿作歸隱之計。張天復不答應，而且又升了官，到雲南上任。結果因為行事剛正，仕途也受挫，遭人設計貪污索賄，而被處以死刑。幸好有兒子文恭獻計，周旋於公堂才告脫困。隆慶五年（一五七一年），張文恭中了狀元，讓家人非常意外。劉氏非但沒有流露欣喜之情，還不斷喃喃自語：「福過矣！福過矣！」張天復蒙羞歸隱，終日以酒澆愁，而張文恭在北京也招人所忌，被迫辭官返鄉，彷佛印證了劉氏的擔憂。根據張岱的記述，張文恭在北京中了狀元，消息傳回紹興，父親張天復大擺宴席以示慶賀，有一日下了大雨，張天復淋了雨而生病——可能是腺體感染，擴散至頸部——一病不起，享年六十二歲，說明了生命的無常。

張文恭高中舉人的那一年（嘉靖三十七年），娶了王氏為妻。張岱斟酌字句，說曾祖母王氏「天性儉約，不事華靡」，不過，要能合乎夫婿簡樸持家的作風，她還非得如此不可。王氏的公公張天復公務繁忙，時常奔波在外，而張文恭自持極嚴，就算幾個孩子陸續出生，他的作風還是不變。張岱說「曾祖家居嗃嗃」，張文恭給兩個兒子、媳婦，還有兩個異母弟、弟媳定下嚴格的規矩。「黎明擊鐵板三下，家人集堂肅拜，大母輩頮盥不及，則夜纏頭護髮，勿使鬖沙。家人勞苦，見鐵板則指曰：『此鐵心肝焉。』」[6]

平日晚上家人在一起的時候，張文恭要兩個兒子都得在場，燃香靜思，一直到深夜才准就寢。有時，張文恭的作法不免令家人心生不滿。有一回張文恭作壽，長媳與其他年輕女眷刻意打扮，穿戴珠玉。張文恭見了大怒，要她們把衣服換掉、首飾也取下，然後要她們把衣服拿到大廳階前燒掉。等到女眷換上素布衣，張文恭才准她們來拜壽。

張文恭嚴苛至此，王氏也有自己一套儉省之道，所以族裡也沒人會說王氏揮霍。她每天都編織網巾，等累積到一定數量之後，就要家僕帶到市場兜售，每頂網巾賣數十文錢。根據家族流傳的說法，城裡人每見張家家僕往市場去，便會走告「此狀元夫人所結也」，並爭相搶購。

張文恭的耿介不僅感染家人，也影響了他的仕途。晚明的政治常因內廷正宮、嬪妃與太子之間的緊張而撕裂。朝廷有閹官把持，朝臣若是稍有閃失，就有可能招來殺身之禍。

在嘉靖三十幾年，當時張文恭還是個少年，就看不過忠良遭到殘殺，於是公開設立靈位於衙署，並為文抨擊。[7]張文恭中了狀元之後，在京城歷任數職，還入了翰林院。萬曆元年（一五七三年），張文恭上疏，直言宮女結黨為奸，祈請皇上在內廷讀「女傳」，並選編《詩經》的〈周南〉與〈召南〉兩篇，頒行於內廷妃嬪、宮女之間。據推斷，《詩經》的這兩篇成於公元前八世紀左右，比孔子還早，討論婚姻的意義與儀式，以及男女情慾的傳達（和壓抑）。歷經學者兩千多年來的釋義訓詁，表面顯見的狎邪詩句已經與齊家治國的道德行為分不開。張文恭的上疏雖然遭到駁回，但是後來立太子時，他還是當了太子的經筵講官。根據正史記載，文恭因為自覺無能徹底洗刷先父張天復所受的不白之冤，因而憂憤而卒。[8]

張家所結最有經濟、政治價值的一門親事是與會稽朱家聯姻。這樁婚事另有緣由，張岱刻意詳細描述。嘉靖三十五年，張文恭十八歲，在龍山準備鄉試，跟會稽朱家的朱賡共讀。兩人在七月七日這天立誓，日後成婚生子，若為異性則結成夫妻，以示兩家永結同心。指腹為婚不僅形諸文字，還縫在暑衣裡，妥善保存。張岱後來記下：「所割襟，岱猶及見之，其色灰蝨，蓋重澣白布也。」[9]張文恭於嘉靖三十七年（一五五八年）的鄉試中舉，不久之後就娶了王氏，很快便產下一子。朱賡也大約在此時娶親，生有一女（就是張岱後來提到的朱恭人）。兩人後來雙雙登科，展開官宦生涯，彼此保持密切聯繫。兩家小孩在隆慶萬曆之交成親，並在萬曆二年（一五七四年）生下一子，這就是張岱的父親。[10]

根據張岱的描述，朱賡個性古怪，相信自己是南宋文人、政治家張無垢的附身，而且還有好幾則奇聞軼事來佐證他的說法。這位十二世紀的文人透過降乩，與朱賡談宿世因緣，還指點他在某寺存有佛經殘卷一部，結果真的在該寺樑上發現一部佛經。從字體來看，這部殘經寫於宋代，後二卷付之闕如。朱賡把殘缺的部分補全，「如出一手」。張岱記下這則怪事，難道是要貶抑朱家這顯赫的先人嗎？可能性不大。或許這只是張岱表達生命無常的一種方式吧。[11]

等到張文恭的孩子也當了父親，他開始扮演起祖父的角色。張岱以仲叔張聯芳（字爾葆）為例，描寫張文恭如何介入教養孫子。「仲叔生而頭仄向左，文恭公憂之，乃以大秤錘懸髻上，墜其右，坐鄉塾，命小傒持香伺左，稍偏則焠其額。行之半年，不復仄。」[12]

張岱還提到張文恭如何糾正張岱的三叔張炳芳（號三峨）品行不端：「三叔幼時佻𠐊，與群兒嬉，見文恭公，一跳而去，走匿諸母房，不能即得也。文恭公惡之，乃以薄瓦磨礱，裁如履趾，綴之屨下，見文恭公一跳，其瓦底碎，即縛而笞之。」[13]

從這類例子來看，脾氣暴躁的張文恭四處潛行時，張家的女眷便成了孩子們的庇護之所。有時，女眷還可能影響事態的發展。有個例子是關於張岱的父親和仲叔張聯芳。這件事應該是發生在萬曆六年（一五七八年），也就是兩兄弟出生後，但劉氏去世（萬曆十年）之前。當時，張岱的父親年約四、五歲，張文恭假滿奉召入京復職。張岱是這麼說的：「仲叔少先父一歲，兄弟依倚。文恭公以假滿入都，仲叔方四齡，文恭公鍾愛先子，攜之北上，仲叔失侶，悲泣不食者數日。時劉太安人在堂，遣急足追返，迨先子歸，而仲叔始食。嗣是同起居食息，風雨晦明者，四十年如一日。」[14]

張文恭的媳婦朱恭人為張家帶入新的資源與視野。朱賡仕途順遂，歷任翰林院編修、禮部尚書兼東閣大學士，他的女兒則必須在張家與朱家的世界之間，以其手腕與堅忍走出一條路來。萬曆三十二年（一六〇四年），朱賡要這對夫婦做一件讓他們為難的事——朱賡在北京聽到傳聞，說家裡有人不知節儉，於是就要這對夫妻告訴他，是哪個朱家子弟行為乖張。張岱後來寫道，其間的過節始終難以解開：「（朱賡）子孫多驕恣不法，文懿公（朱賡）封夏楚，貽書大父，開紀綱某某，屬大父懲之猶我。大父令臧獲捧夏楚，立至朱氏，摘其豪且橫者，痛決而逐之，不稍縱，其子孫至今猶以為恨。」[15]

朱恭人的哥哥朱石門乃是浙江一流的古物收藏名家。雖然朱、張兩家之間有所不和，但是朱石門的品味癖性對張家上下有很深的影響。張岱寫了家傳，後來又補了一些說明，便是負面看待朱石門對張家的影響：「我張氏自文恭以儉樸世其家，而後來宮室器具之美，實開自舅祖朱石門先生，吾父叔輩效而尤之，遂不可底止。」[16]

張家之中，學朱石門的揮霍學得最厲害的是張岱的仲叔張聯芳。[17]他熱中收藏古董，一擲千金，不過他的眼光很精，因而也從古董的買賣賺了不少錢。張岱寫張聯芳，筆尖常帶感情，寫出他收藏買賣的細節。

張岱的父親和大弟張聯芳從小形影不離，在張聯芳的身上可以看到藝術與金錢的魅力和矛盾。就如張岱寫道：「仲叔喜習古文辭，旁攻畫藝。少為渭陽石門先生所喜，多閱古畫，年十六七，便能寫生，稱能品，後遂馳聘諸大家，與沈石田、文衡山、陸包山、董玄宰、李長蘅、關虛白相伯仲。仲叔復精賞鑑，與石門先生競收藏，交遊遂遍天下。」[18]

官場錙銖必較，爾虞我詐，而藝品的世界亦是如此。精明的買家能賺到錢，而有才能的藝術家也能致富。同時，高明的騙徒和偽造者日益猖獗，而眼光獨到又能誠實估價的人炙手可熱，也是財源滾滾。朱石門交遊廣闊，自己的收藏也很驚人（張岱曾列過其中一部分），想必是張聯芳的良師。萬曆三十一年（一六〇三年），張聯芳鄉試落第，旅行至淮安，有人來兜售天然硬木桌，淮安巡撫出價一百兩。但張聯芳以二百兩買到之後，把桌子放在船上，連夜趕回家。巡撫派人追趕在後，發現張聯芳是朱石門的學生，就不敢再為難這年輕人，於是空手而歸。[19]

張岱細說仲叔張聯芳如何成為晚明江南的收藏名家。「自是收藏日富，大江以南，王新建、朱石門、項墨林、周銘仲，與仲叔而五焉。」[20]張岱還說，張聯芳在萬曆三十四年（一六〇六年）「造精舍於龍山之麓，鼎彝玩好，充牣其中」。或許，張岱此處所謂的精舍，正是他縈繞童年記憶、卻為張聯芳無情毀掉的書房。[21]就算如此，張岱也沒有點破，反倒說張聯芳足以媲美元朝大收藏家，「倪迂之雲林祕閣，不是過矣」。張聯芳也造有舒適的船屋，或許是用來收購江南和杭州一帶的珍藏，並趕快逃離憤怒的競價者。張聯芳稱這船屋為「書畫舫」，張岱有幾次出門遊歷，就是睡在書畫舫。張聯芳還沒在龍山之麓造精舍之前，或許也曾把部分珍寶藏在書畫舫。[22]

從一些張聯芳在年輕時買的古玩，就可證明他買賣的精明：張岱特別提到三件宋朝稀珍——白定爐、哥窰瓶、官窰酒匜，有個當地的收藏家要價五百兩，結果被張聯芳所拒，他說要把這三件寶貝留到自己去世為止。萬曆三十八年（一六一〇年），張聯芳得到一塊重三十斤的璞石：他先以清水沖滌，然後在日光下檢驗其成色，其色清澄，讓他很高興。張聯芳把璞石交給玉工雕一只龍尾觥、一只合巹杯。單單這只合巹杯，張聯芳就賣了三千兩，這還不包含龍尾觥，或是剩下的片屑寸皮——這也值不少錢。[23]

崇禎元年，張聯芳終於如願以償，入朝為官，但還是不忘四處收購藏品。譬如張聯芳在河南孟津當官時，心想此地曾是周朝都城所在，想必有不少青銅器。根據張岱記述，張聯芳任期屆滿時，「所得銅器盈數車，美人觚一種大小十五六枚，青綠徹骨」。[24]張岱說仲叔張聯芳坐擁各色「異寶」，結果「贏資巨萬，收藏日富」。[25]張聯芳是否以不正當的手段取得這些古物，張岱倒是沒說。不過，張岱在別處說到他所見過最美、最不尋常的珍寶

——岳家所藏三只一組優雅青銅酒杯、兩只太花木罇，各高三尺，花紋獸面。這個寶物是盜挖三代古墓而來的贓物，被閹官截奪之後，把寶物據為己有，再賣給張岱的岳父。[26]

張岱的母親出身會稽陶家。陶家跟張家、朱家一樣，都是書香門第，科場得意。陶父是舉人，在福建監管鹽政多年。他也是簡樸之人，效法長輩，用度吝嗇，喜歡以「清貧」自居。照張岱的解釋，陶家人的吝嗇表現在萬曆二十四年（一五九六年），「宜人以荊布遣嫁，失歡大母（指朱恭人），後以拮据成家，外氏食貧，未嘗以纖芥私厚，以明不負先子所託。大母朱恭人，性急，待宜人嚴厲，克盡婦道，益加恭慎」。

不論陶氏是否受到「恭慎」對待，對她而言，生活顯然並非易事。婚後不久，陶氏在萬曆二十五年（一五九七年）產下一子，理應受到張家稱道。然而，張岱卻說雙親早歲貧苦，捉襟見肘。[27]縱然結婚了十年之後，這種窘境仍未見改善。張岱的父親張耀芳二十載的寒窗苦讀，都已經三十好幾，還是沒能中舉人，家中的開支讓他特別傷神。家中的長輩看到他需索孔急，似乎並不樂意伸出援手。祖父張汝霖非常嚴厲，而張家這一房是有些錢，朱家也不壞。但是家中開銷大，而張汝霖又不是那種以收賄提高俸祿的人。就算是他在萬曆二十三年進士及第，授縣令職，他給自家孩子和親戚的錢還是很少，若是要變賣家產也由得他們去。雖然張家有權有勢，但是「先子家故貧薄，又不事生計，薪水諸務，一委之先宜人。宜人辛苦拮据，居積二十餘年，家業稍裕」。

張岱對於節儉、貧薄、豪奢的意義似乎不怎麼看在眼裡，他在別的地方寫到張家在萬曆二十九年（一六〇一年）辦過一次盛會，這是窮人家絕對辦不來的，就算富人家也要傾家才能辦得了。張岱當時只有四歲，這些細節可能是父母或叔父告訴他的。據張岱描述，這場盛會是因為張岱的幾位叔叔，加上他父親，想點燈照亮整座龍山，教其他家族自慚形穢。他們刻木為椿百餘根，塗以丹漆（臒），三根為一架。每一架飾以文錦，張燈一盞。而滿山的樹林也懸了燈。丹漆木架連成一線，閃現光芒，「沿山襲谷」。過了六十多年之後，張岱還記得當年情景：「自城隍廟門至蓬萊岡上下，亦無不燈者。山下望如星河倒注，浴浴熊熊。」

盛會的排場非常鋪張，還有勞紹興官府下令，嚴禁百姓貪歡妄為。要去看龍山放燈一定會經過龍山南麓的城隍廟口，在此掛有禁條：自此（入門）之後，唯能徒步，禁車馬；禁煙火、禁喧嘩；禁城內豪室慣常行事，先遣家奴驅趕行人清道。張岱的父、叔在松樹下立了一木臺，展席憩息，亦食亦飲亦聲歌。至於城裡的人，「有好事者賣酒，緣山席地坐。山無不燈，燈無不席，席無不人，人無不歌唱鼓吹」。看燈的男男女女一入城隍廟門，「頭不得顧，踵不得旋，祇可隨勢，潮上潮下，不知去落何所，有聽之而已」。每日僕後入山清掃，「果核蔗滓及魚肉骨蠡蛻，堆砌成高阜」。接連四夜，每晚燈火通明。[28]

責任與愛可輕易交融，也可彼此衝突，張岱在八歲左右對此便有了一番體悟。萬曆三十三年（一六〇五年）前後，此時張岱母親懷胎六個月，舉家上下同心祝賀張岱的祖母朱恭人壽誕。張岱母親不想被人說她怠惰，在張家人面前抬不起頭，不顧有孕在身，堅持招呼老夫人壽宴的大小細節，買菜，擬賓客名單、準備禮物，結果過於疲累，早產了三個月，生下一男嬰，取名山民。山民生來瘦弱，身長不滿一尺，體重只幾斤，氣息甚微。男嬰竟然沒有夭折，倒是出人意外。在三個弟弟之中，張岱最喜歡這個弟弟。不過，因為張岱的母親沒想到這個男嬰能活下來，所以也沒在他身上花太多時間——還有別的孩子更有機會長大成人，需要母親的關愛和照料。在紹興一帶，這類恐怕活不長的嬰孩被稱為「蓮生」。蓮花乃是佛陀足印的象徵，「蓮生」意指嬰孩能否生存只能聽天由命。[29]

父親也是不關心。張岱說：「先大夫老於場屋（科場），無意教子，致弟失學，弟發憤曰：『人也而可弗學？』遂私自讀書，自經書子史以至稗官小說，無不涉獵。」若不讀書，怎能為人？張山民的反問呼應了百年前高祖的看法。但張岱也同意，這個弟弟成功的機會微乎其微：「吾輩皮相，余弟未必能文。」

然而，山民雖沒有雙親的關愛，卻能有一番成就：集學者、詩人、藝術鑑賞家於一身，於收藏一事，堪與朱石門、張聯芳相比。張岱說他這個弟弟之所以成功，是因為「吾弟資性空靈，識見老到，兼之用心沉著。凡讀書多識，不專而精，不鶩而博，不鑽研而透徹」。[30]

而且，山民在追訪稀世珍藏時也沒有勢利的氣息：「凡至貨郎市肆，偶有一物，見其注目視之，必古質精款，規製出人，見無不售，售無不確。一物入手，必旦晚撫摩，光怪畢露，襲以異錦，藏以檀匣，必求名手，為之作銘。夜必焚香煮茗，挑燈博覽，見詩文佳者，津津尋味，不忍釋手。」張岱從弟弟山民和眼睛瞎了的堂弟張培身上，看到了性格的韌性如何讓人能過一般人過不了的難關。[31]

萬曆三十九年（一六一一年），張岱母親又面臨另一番考驗。張岱的祖母朱恭人到紹興看三舅，結果突然去世。這裡的問題牽涉到習俗和忌諱：按照習俗，不宜到人家家裡把親人靈櫬移回自己家裡，喪禮也得在祖居舉行。若是觸犯這兩項禁忌，恐怕會惹禍上身。根據張岱的說法，祖父驟然喪偶，心神未定：「大父遲疑不決。宜人力請歸宗，以凶煞自認，大父喜曰：『女中曾，閔也。』後累遭禍祟，終不自悔。」[32]

對十五歲的張岱來說，生命是苦澀的，於是在萬曆四十年（一六一二年）到南鎮夢神求夢。當地人相信會稽有南鎮之神，文獻也記載了各式各樣的夢；張岱鄭重其事，寫了一篇駢體文，祈請南鎮之神賜夢。張岱說他實在無法參透他所碰到的事。從夢境返回紅塵世俗，「顧影自憐，將誰以告？為人所玩，吾何以堪？」張岱回憶十五歲時糾纏心中的種種困惑，他在文中問道：「神其詔我，或寢或吪；我得先知，何從何去。……功名志急，欲搔首而問天；祈禱心堅，故舉頭以搶地。」[33]

朱恭人的去世並未扭轉張家的蕭索窘境，張岱對此困窘也坦白書之，提及母親與常人不同的開明態度：「後以先子屢困場屋，抑鬱牢騷，遂病翻胃，先宜人憂之，謂岱曰：『爾父馮唐易老，河清難俟，或使其通意園亭，陶情絲竹，庶可以解其岑寂。』」母親以馮唐為例，既詼諧又妥切。馮唐生於漢朝，系出名門。他出名的是他到年紀很大才得到差事，在宮內當隨從抬轎，漢文帝步出轎子時，還覺得奇怪，宮裡怎麼會有年紀這麼大的老人在服侍他。馮唐到九十歲，名字還列在備用官員，等到漢景帝登基之後，才以馮唐年齡太大而將之除名。[34]

萬曆三十八年（一六一〇年）之後，張岱的父親張耀芳開始耽湎於各種癖好，而母親也不去管他，「遂興土木，造船樓一、二，教習小傒，鼓吹劇戲，一切繁靡之事，聽先子任意為之」。張岱此時也縱情於各種嗜好，然而隨著父親的日益揮霍，結果並非那麼愉悅：「宜人不辭勞苦，力足以給，故終宜人之世，先子裒然稱富人也。泰昌改元，先宜人厭世，而先子又遭奇疾，凡事㥘㥏，不出三年，家日落矣。」[35]

張岱在評價父親的一生時，藉著稱讚母親對父親想做的事情都予以成全，而隱含了對父親的批評：「先子少年不事生計，而晚好神仙。……先子暮年，身無長物，則是先子如邯鄲夢醒，繁華富麗，過眼皆空。先宜人之所以點化先子者，既奇且幻矣。不肖岱，妄意先子之得證仙階，或亦宜人之助也。」[36]

到了萬曆五十年前後（一六二〇年代中），張耀芳仍然賦閒在家，身材日漸肥胖——張家與朱家有很多人都是如此，而他們喜歡比食量，更讓體重失控。張岱並不想表達父親的狂食有可取之處。的確，張岱拐個彎來凸顯他們愚蠢的一面。「蓋先子身軀偉岸，似舅祖朱石門公而稍矮。壯年與朱樵風表叔較食量，每人食肥了鵝一隻，重十觔，而先子又以鵝汁淘麵，連啜十餘碗，表叔捧腹而遁。」[37]

張岱好像覺得這些細節還不夠詳盡似的，另外又提及父親在萬曆四十八年（一六二〇年）大啖鵝肉而大病一場的經過，鉅細靡遺，敘述父親的胃疾與消化不良，後來花了大錢，前後請了許多大夫各顯神通。結果各名醫卻是束手無策而「卻走」，之後當地有個手法奇特的大夫開了藥方，用地黃治好了張岱的父親。[38]

萬曆四十四年（一六一六年）前後，張岱娶劉氏為妻。劉氏家裡也是讀書人，家世中等，但張岱卻對劉氏隻字未提，也幾乎沒提及劉氏所生的孩子，這也是當時的習俗使然。不過，張岱倒是寫到幾個進了張家家門的女性，與張岱夫人一起生活，幫忙照顧小孩，但是她們始終覺得不自在，總是擔心自己與小孩的未來。張岱至少有過兩名妾，夫人劉氏去世之後，二妾仍繼續同張岱同住。張岱的父親納了好幾個妾，有的在母親去世前，有的在去世之後。對家族來說，這類女人常常千方百計謀奪家產，而據張岱所言，側室有時也會得逞：「宜人以戮力成家，而妾媵、子女、臧獲，輒三分之。」其結果便是張耀芳到了晚年已經「身無長物」。[39]但若是家中長輩出面主持公道，妾婦也有可能被逐出家門——張岱的祖父張汝霖正是這麼做：「辛亥（一六一一年），朱恭人亡後，乃盡遣姬侍，獨居天鏡園，擁書萬卷。」[40]

但也有可能是，張汝霖的細心安排安撫了姬妾，面面俱到，讓各方都滿足。據張岱描述，至少朱恭人的父親朱賡便有如此能耐。據說朱賡納了幾名小妾，夫人很不高興，聽到這消息便發出「獅子吼」。朱賡知道事情不妙，前往張家求助乩仙，惠賜化妬丹。乩書曰：「難！難！」但朱賡可在枕頭內發現化妬丹。朱賡發現此丹之後，就給了夫人。夫人服下之後說：「老頭子有仙丹，不餉諸婢而余是餉，尚昵余。」此計奏效，「（夫人）與公相好如初」。[41]

有時父親過世之後，兒子會馬上把父親生前的寵妾掃地出門。張岱在一篇傳略裡提到仲叔張聯芳的姬侍，便是一個例子。張聯芳在崇禎十七年（一六四四年）去世，身後遺下龐大家財，價值不菲的古玩悉數歸其子燕客所有。顯然這女子在張聯芳生前曾表明她的堅貞，但其他親戚則嗤之以鼻。在好幾年前，因為張聯芳「侍姬盈前」，張岱曾勸他把這名女子辭退。但她堅稱要隨侍在側，還起誓：「奴何出？作張氏鬼耳。」張聯芳把這句話告訴張岱，張岱只能祝賀仲叔有幸得到如此忠貞的女子。

燕客和張岱聽到張聯芳的死訊，倉促趕赴奔喪，並在來弔唁的人裡頭看到這名女子。

她表示：「得蛋適人，相公造福。」張岱微微一笑，提醒她曾說過死為張氏鬼。她答道：「對老爺言耳，年少不得即鬼，即鬼亦不張氏待矣。」她的誠實討不到任何好處：燕客與張岱笑著拒絕她的請求。[42]

張岱的父親跟周氏感情很好，張岱說她是父親的「內妾」。張岱的母親去世之後，周氏一直想要鞏固自己在張家的地位，確保自己生下的孩子可以分得家產。張岱說到有一回他與父親在言談間提到周氏的機關算計，雖然戲謔，但也是善意提醒：「先子喜詼諧，對子姪不廢謔矣。一日周氏病，先子憂其死，岱曰：『不死。』先子曰：『爾何以知其不死也？』岱曰：『天生伯嚭，以亡吳國，吳國未亡，伯嚭不死。』先子口詈岱，徐思之，亦不覺失笑。」父親之所以失笑，是因為張岱的引喻很高明。伯嚭是春秋時楚國人，曾任吳國太宰，收重賄，害死伍子胥，越王勾踐才有機會臥薪嘗膽，最後滅了吳國。父子學識淵博，歷史掌故信手捻來，卻予人輕浮多變之感；像周氏這樣的女子，經濟和情感都是十分脆弱的。[43]

張岱還有一篇長文來寫他稱為「外母」的岳母。張岱的岳母出身當地人家，比自己的生母多活十九年，顯然填補了張岱喪母之後的情感空缺。張岱在外母劉太君去世後撰寫祭文：「鞠育之猶母也，教訓之猶母也。鞠育之而恐任余性，教訓之而恐傷余意，其委曲而詳慎之猶母也。至今日吾外母死，而岱之母道絕矣。」說來不可思議，張岱的母親和岳母的忌日都是陰曆四月二十日，只是其間相隔十九年，更讓張岱覺得兩位母親的命運是相連的：「是余母與外母交喪矣。故岱之痛外母，一如痛岱之母，而岱思苦筋骨以報外母至死，一如報岱之母。而今茲不能，則有五內痛裂，抱恨終天，一如思岱之母，哭岱之母而已。」

外母去世之前的最後五天身體愈來愈虛弱，張岱遍求名醫良藥，亦試著乞靈神明：張岱到祠堂祝禱，也向東嶽泰山之神祈求——幾年前，張岱曾到泰山遊歷朝聖。但是種種方法俱為枉然。外母去世十三天之後，張岱請了僧道至靈寢，施禮「水懺」十二部，以求賜外母冥福。第二日，張岱率外母家人——一名女兒，幾名孫子，其中幾人已結婚——念祭文哀悼。

在張岱為家族女性所寫的文章，以為外母所寫的祭文最長，措辭剴切，透著蒼涼：「吾外母雖生華屋」，張岱這麼起頭，「其生平丁骨肉之慼，抱零丁之苦，自為女、為婦、為媳、為母、為姑，未嘗履一日之順境，專一日之安閒。」她遭逢失親之痛與孤獨之情。張岱說他自從認識外母以來，只見她開笑口三、四回而已，其餘多是悲思涕泣之日。外母一生的故事，就是不斷失去的故事。張岱外母十六歲成親，十一年後的萬曆三十三年（一六〇五年），丈夫去世，當時她年僅二十七歲，帶著兩個稚齡女兒，腹中還懷了第三胎。在短暫的婚姻生活中，丈夫一直為積疴所苦；丈夫過世後，兒子又事事依賴她。過了不久，她的公公溺斃。外母的長女婚後不久就去世，年紀很輕，未留子嗣。於是，只能寄望嫁給張岱的次女能延續血脈，以告慰丈夫的在天之靈。但是，張岱語帶懊悔，朝夕凝盼的孫子「乃麟定尚艱」，教外母鬱悶，「愁眉勿展」。「監門老嫗」雖然窮苦，但子孫滿門，還可享骨肉團聚之樂；但是在外母艱辛的一生，就算是想像「監門老嫗」那般也不可得。外母劉太君此外還得照料「嚴厲瑣屑」的舅舅，侍奉守寡的婆婆，她「性極褊急，家人至難與言」，而家人必須「百計將順，而詬誶甘之」。[44]

張岱妻子最後終於產下一子，但這嬰兒幾乎因天花而夭折。張岱把兒子的倖存歸功於一位紹興當地的大夫——魯雲谷。張岱從年輕時就認識他，此人自學醫理，超塵拔俗，精通茶道，笛藝精妙，擅長栽植絕品蘭花。魯雲谷也有三恨：恨人抽菸、恨人酗酒，更受不了別人吐痰。對張岱而言，更重要的是魯雲谷通曉當地生長的藥草，對人體的運作也有很深的了解。因為魯雲谷「醫不經師，方不襲古」，張岱寫道：「每以劫劑臆見起死回生。」張岱寫了一首詩聊表謝意，說魯雲谷「用藥如用兵，巢穴恣攻討」。這才是關鍵所在。他的醫術不是光靠直覺而已：「一團血田中，經絡自分曉；肺腑似能言，與君為嚮導。」魯雲谷最早專治小兒疾病，尤其擅長治痘疹且不留痘疤。於是，劉氏終究得以有了一個健康的外孫，至少延續家族的血脈。[45]

在張岱的心目中，外母稱得上真正「性堅忍」，無論事情有多難，她總會想辦法讓身旁的人滿意。這一段道出劉氏的行誼：「嗟嗟！旁人有哭之哀者，不必其子與媳也；道路有稱其賢者，不必其親與戚也；空言有佩其德者，不必其施與積也。若岱則何以頌吾母哉？岱今則謂終母之身，其為女孝，為婦真，為媳慎，為母辛，為姑惠，有數者，雖百苦備嘗，亦可以含笑入地。」[46]

張岱的外母雖然二十七歲便守寡，但也還是有值得慶幸之處。沒有證據顯示她的娘家或婆家逼她改嫁——這是當時常見的作法。劉氏在丈夫去世之後，似乎還可以照自己的方法養育子女。自家與婆家的家產無疑有所幫助，但是她的通達與堅忍也有助於她扮演女性應有的角色。我們若將她與嫁入張家的女性相對照，像是悲觀的高祖母劉氏（安人）、節儉自持的王氏（宜人）、百折不撓的朱恭人，以及許多被逐出家門的侍妾，便會了解何以張岱的母親要往佛寺尋求庇佑，帶著幼子隨她進香禮佛。我們也會了解何以她要將省下來的錢供奉給佛寺，花錢僱人送她和年幼的張岱前往佛寺，旋轉寫滿經文的藏輪，愈轉愈快，直到熟滑如飛，推者莫及，其中含納了無數誦念祈禱，溢出了寺院圍牆，傳入浙江的青空，直達默然注視的眾神跟前。

註釋

1 **父親的金丹** 張岱，《陶庵夢憶》，卷三，篇十；Brigitte Teboul-Wang 法譯，《陶庵夢憶》，#40，頁六十四。譯文亦可見卡發拉斯（一九九五年），頁八十四至八十五，以及（二〇〇七年），頁四十二至四十三。

2 **母親祈禱** 張岱對這段細節的描述，詳見〈白衣觀音贊〉，收錄在張岱著，夏咸淳點校，《張岱詩文集》，頁三二八。有關白衣觀音像，見于君方（Yü Chün-fang），《觀音：觀音菩薩的中國變形》（*Kuan-yin: The Chinese Transformation of Avalokitesvara*），頁一二六至一三〇。

3 **轉輪藏** 張岱著，夏咸淳編，《西湖夢尋》，頁二五五，〈高麗寺〉。這段插曲見卜正民，《為權力祈禱：佛教與晚明中國士紳社會的形成》，頁四十三，對張岱與佛教的分析。

4 **紹興人** 張家的傳記，見張岱著，夏咸淳點校，《張岱詩文集》，及《紹興府志》。紹興的科舉功名，見柯爾，《紹興：十九世紀中國的競爭與合作》。陶家的背景，見《紹興府志》，三十四/四十七b（重印本，頁八一三），以及張岱著，夏咸淳編，《陶庵夢憶》，頁六十三，註一。

5 **劉氏** 張岱著，夏咸淳點校，《張岱詩文集》，頁二四五至二四六。她的兒子張元忭的傳記，見《明人傳記辭典》，頁一一〇至一一一。

6 **王氏與丈夫** 張岱著，夏咸淳點校，《張岱詩文集》，頁二五〇。王氏出身六湖。

7 **妄殺** 嚴嵩下令殺楊繼盛，見《明人傳記辭典》，頁一一〇；張岱著，夏咸淳點校，《張岱詩文集》，頁二四七；《石匱書》，卷二〇一，頁四十二b。

8 **教化的詩** 見曾祖的傳記，《明史》，頁三一九一。這些首作出自《詩經》〈周南〉、〈召南〉。見理雅各(James Legge)，《詩經》(*The Book of Poetry*)，序言，頁三十六至四十一。文恭之死，見《明史》，頁三一九一。張岱在其《石匱書》，卷二〇一，頁四十三b（重印本，卷三二〇，頁八十二），做了詳細的解釋。

9 **立誓** 張岱著，夏咸淳點校，《張岱詩文集》，頁二五四。朱賡的傳記，見《明史》，頁二五三八。立誓指腹為婚之日，是在嘉靖丙辰七月七日。

10 **張文恭與朱賡** 他們中舉的時間，見《紹興府志》，三十二／四十七b和三十二／四十八（重印本，頁七六三至七六四）。

11 **朱賡** 張岱，《陶庵夢憶》，卷三，篇十；Brigitte Teboul-Wang 法譯，《陶庵夢憶》，# 40，頁六十三至六十四；論張居正，見張岱著，夏咸淳編，《陶庵夢憶》，頁五十二，註三。

12 **仲叔的頭** 張岱著，夏咸淳點校，《張岱詩文集》，頁二五九，仲叔傳記中的描述。

13 **三叔的碎瓦片** 張岱著，夏咸淳點校，《張岱詩文集》，頁二六二。

14 **仲叔流淚** 張岱著，夏咸淳點校，《張岱詩文集》，頁二四九、二五九、二六二。

15 **朱賡的管教** 張岱著，夏咸淳點校，《張岱詩文集》，頁二五四至二五五。

16 **朱家的影響** 張岱著，夏咸淳點校，《張岱詩文集》，頁二五五。

17 **仲叔的收藏品** 張岱，《陶庵夢憶》，卷六，篇十，〈仲叔古董〉；Brigitte Teboul-Wang 法譯，《陶庵夢憶》，#87，頁一一九。

18 **仲叔張聯芳** 張岱著，夏咸淳點校，《張岱詩文集》，頁二六〇。

19 **天然硬木桌** 張岱著，夏咸淳點校，《張岱詩文集》，頁二六〇；張岱，《陶庵夢憶》，卷六，篇十；Brigitte Teboul-Wang法譯，《陶庵夢憶》，#87，頁一一九。

20 **古董收藏** 張岱，《陶庵夢憶》，卷六，篇九；Brigitte Teboul-Wang 法譯，《陶庵夢憶》，#87，頁一一八。晚明古董收藏，見柯律格，《長物志：早期現代中國的物質文化和社會狀況》，書中有幾處提到張岱；高居翰（James Cahill），《畫家的常規》（*The Painter's Practice*）；金紅男（Hongnam Kim），《一個贊助者的一生：周亮工與十七世紀中國的畫家》（*Life of a Patron: Zhou Lianggong (1612-1672) and the Painters of Seventeenth-Century China*）。

21 **仲叔的精舍** 張岱著，夏咸淳點校，《張岱詩文集》，頁二六〇。張岱提到的其他四位收藏家是王新建、朱石門、項墨林、周銘仲。

22 **船屋** 張岱，《陶庵夢憶》，卷五，篇一；Brigitte Teboul-Wang 法譯，《陶庵夢憶》，#62，頁九十。

23 **稀珍** 張岱，《陶庵夢憶》，卷六，篇三；Brigitte Teboul-Wang 法譯，《陶庵夢憶》，#80，頁

一一一，及頁一七九，註三七九至三八三；張岱著，夏咸淳編，《陶庵夢憶》，頁九十五，註一至三，張岱論陶瓷。三件上品：張岱，《陶庵夢憶》，卷六，篇十；Brigitte Teboul-Wang 法譯，《陶庵夢憶》，＃87，頁一一九，記仲叔張聯芳的收藏。

24 **青銅** 張岱，《陶庵夢憶》，卷六，篇十；Brigitte Teboul-Wang 法譯，《陶庵夢憶》，＃87，頁一一九。

25 **發大財** 張岱，《陶庵夢憶》，卷六，篇十；Brigitte Teboul-Wang 法譯，《陶庵夢憶》，＃87，頁一一九。

26 **贓物** 張岱，《陶庵夢憶》，卷六，篇十六；Brigitte Teboul-Wang 法譯，《陶庵夢憶》，＃93，頁一二四。這些贓物盜自齊景公墓。

27 **母親的節儉** 見張岱著，夏咸淳點校，《張岱詩文集》，頁二九六，父親的傳記。

28 **家人放燈** 張岱，《陶庵夢憶》，卷八，篇一，〈龍山放燈〉；Brigitte Teboul-Wang 法譯，《陶庵夢憶》，＃111，頁一四三至一四四。譯文見卡發拉斯（一九九五年），頁一五一至一五二；進一步的分析，見卡發拉斯（一九九八年），頁七十一至七十四，及（二〇〇七年），頁一一二至一一三。

29 **張岱之弟** 見張岱著，夏咸淳點校，《張岱詩文集》，頁二九二，張岱為山民所寫的墓誌銘。張岱的弟弟為陶氏所生，見胡益民，《張岱研究》，頁一七〇，及佘德余，《張岱家世》，頁六十八至七十五。

30 **山民的本事** 張岱著，夏咸淳點校，《張岱詩文集》，頁二九二至二九四。張岱提到，山民深受姜曰公、趙維寰器重。山民的詩友有曾鶴江、趙我法、婁孺子。

31 **山民的古玩收藏** 張岱著，夏咸淳點校，《張岱詩文集》，頁二九三至二九四。

32 **母親之賢** 張岱著，夏咸淳點校，《張岱詩文集》，頁二五八。

33 **夢神** 張岱，《陶庵夢憶》，卷三，篇二，〈南鎮祈夢〉；Brigitte Teboul-Wang 法譯，《陶庵夢憶》，＃32，頁五十四至五十五，一七〇至一七一、註一六七至一七九，記述張岱的隱喻。張岱提到他是在萬曆壬子年祈夢的。

34 **馮唐之喻** 司馬遷著，華茲生（Burton Watson）譯，《史記》(*Records of the Grand Historian, Han Dynasty*)。

35 **父親的沉迷** 張岱著，夏咸淳點校，《張岱詩文集》，頁二五五至二五六。父親的腸疾，見張岱著，夏咸淳點校，《張岱詩文集》，頁一一二至一一四。

36 **母親的功勞** 張岱著，夏咸淳點校，《張岱詩文集》，頁二五八至二五九。

37 **父親暴飲暴食** 張岱著，夏咸淳點校，《張岱詩文集》，頁二五八。

38 **父親之疾** 張岱著，夏咸淳點校，《張岱詩文集》，頁一一二至一一四。

39 **父親之困** 張岱著，夏咸淳點校，《張岱詩文集》，頁二五八。

40 **祖父的妾侍** 張岱著，夏咸淳點校，《張岱詩文集》，頁二五三。

41 **朱賡之妻** 張岱，《陶庵夢憶》，卷三，篇十；Brigitte Teboul-Wang 法譯，《陶庵夢憶》，#40，頁六四至六五。

42 **仲叔的妾侍** 張岱著，夏咸淳點校，《張岱詩文集》，頁二六一。

43 **父親的妾侍** 張岱著，夏咸淳點校，《張岱詩文集》，頁二五七。伯嚭的故事，見倪豪士編，《史記》(*Grand Scribe's Records*)，卷七，頁五十五至五十九。

44 **張岱的外母** 張岱措辭剴切的一篇祭文，收錄在張岱著，夏咸淳點校，《張岱詩文集》，頁三四八至三五一。張岱在本文提到他痛別外母「十有九年」。根據西方人的算法是十八年。

45 **魯雲谷大夫** 張岱為魯雲谷大夫寫的傳，收錄在張岱著，夏咸淳點校，《張岱詩文集》，頁二八五至二八六。張岱讚美魯雲谷的詩，收錄在張岱著，夏咸淳點校，《張岱詩文集》，頁三十四。

46 **對外母的評價** 張岱著，夏咸淳點校，《張岱詩文集》，頁三五〇。

第四章

浪跡天涯絕塵寰

張岱在三十歲出頭時，終於決定離開他熟悉的安逸江南，前往陌生的華北，此時他已結婚，母親與祖父也都已謝世。或許張岱感受到寬廣世界的召喚，但是觸動他北行的似乎是父親張耀芳終於中了舉人。這當然稱不上功成名就，但這也讓五十三歲的張耀芳在天啟七年（一六二七年）以副榜貢謁選，並以「獻右長史」之銜，在魯南兗州的魯王府當差做個小官。明朝只有開國皇帝朱元璋的直系男性血親才能領有封地，不過官位可授與外人。崇禎二年（一六二九年）秋，張岱曾赴兗州為父親祝壽。

張耀芳在魯王府的處境頗為尷尬：多年來，魯王封地的世襲並不順利，或是世子早夭，或是無子嗣，以致隔代襲位，或由弟弟襲封。魯獻王是側室幼子，於萬曆二十九年（一六〇一年）襲封為王，崇禎九年（一六三六年）薨，身後無子嗣。張耀芳與魯獻王甚為投緣，據張岱所言，因為魯獻王「好神仙，先子精引導，君臣道合，召對宣室，必夜分始出。自世子郡王以至諸大夫國人，俱向長史庭執經問業，戶屨常滿」。但是魯獻王的方式有時難以參透，譬如魯獻王「嘗取松肘一節，抱與同臥，久則滑澤酣酡似有血氣」。[1]

張岱有了紹興的經驗，對自己鑑賞燈的功力很有信心，但是以他這次所寫到崇禎二年（一六二九年）的出遊，他在兗州所見的奢華超乎他的想像與經驗所及。魯王府殿前廣場豎起八座木架，每座木架罩以珠簾，高二丈。每一珠簾分別鑲了孝、悌、忠、信、禮、義、廉、恥八個大字，晶映通明。在珠簾圍成的圓形劇場內有以蠟、樹脂做成的動物——獅、象、駱駝——有人藏於其中，以車輪操作，施施而行，還有人作蠻夷戰士裝扮，騎在動物上，手持象牙、犀角、珊瑚、玉斗等，飾有閃爍花朵，有如野馬飛馳、黃蜂出窠。魯王府南殿門煙焰蔽天，「月不得明，露不得下」。讓張岱為之動容的不只是這驚人的景觀——因為他很清楚表面的壯麗可能會流於粗鄙——而是到了最後，這濃密的焰火已近於他夢寐以求之物：一種完美的形式，完全打破人的基本期待與平衡感。

張岱寫到這種感受：「天下之看燈者，看燈燈外，看煙火者，看煙火煙火外，未有身入燈中、光中、影中、煙中、火中，閃爍變幻，不知其為王宮內之煙火，亦不知其為煙火內之王宮也。」這彷彿「諸王公子、宮娥僚屬、隊舞樂工，盡收為燈中景物」。[2]

萬曆四十一年（一六一三年），張岱前往魯王府探望父親，順道遊訪泰山。[3]泰山的歷史悠久，佛教寺廟林立，名聲不凡；上山的路上，香客絡繹不絕，張岱估計平日就有

八、九千人，春季最多會有兩萬人。人說登泰山觀天下，乃是人生難有的經驗。但是張岱卻發現進香朝聖，片刻不得清靜，因為處處有各色貨郎叫賣。山東省從香客身上賺了不少錢，這是相當可觀的來源：張岱說「山稅」每人一錢二分，每日湧進幾千香客，每年歲入輕易就有二、三十萬銀兩。這筆歲入由省城官吏與本地三處王府均分。在前往峰頂入口的山腳下有許多客棧，六名牙家（負責旅遊規畫）駐在客棧內，照料每個香客的各類需要。

張岱還沒進客棧，就看到外頭有優人寓所、驢馬槽房、妓館。[4]山腳下的寺廟，周圍有開闊的空地，各式賣藝的人在此競相吸引香客的目光：貨郎扇客錯雜其間，叫賣小玩意兒以招徠女子、小孩，夾雜謳唱鑼鼓喧囂之聲，另外還可見到摔跤、蹴踘、走解、說書、鬥雞和戲臺表演。

住客棧的人須納例銀三錢八分，額外花銷另計。客棧供餐三種，豐盛有別[5]：上山前有早餐，攻頂途中有中餐，香客平安返歸客棧則有「席賀」。上山前，膳食是素餐，上山途中則備有水果、核仁、素酒。而豪奢的席賀最費周章，有十道菜、糖餅。席賀也有等級之分，依席位人數、表演而定：上等席賀，每位香客有專席、欣賞彈唱演戲；中等席賀，兩人一席；下等席賀，三、四人同席，彈唱、不演戲。狎妓則另外計費。[6]

張岱上山的那天清晨下著雨。這時牙家已僱好轎子、轎夫，轎夫把張岱抬起，以皮條把樑杠（竿）拴在肩上，走在陡峭的小徑上。沿途皆是乞丐，而牙家早已備妥錢銀，上頭鑄有「阿彌陀佛」字樣，以打發乞丐。用來施捨的錢銀已經算在住店例銀之內了。[7]

上山路途遙遠，張岱從客棧到山頂這段路可說是「天時為之七變」，讓他大感意外。啟程時大雨滂沱，抵紅門時雲層密布；至朝陽洞日出，到御帳巖又陰曀；至一天門刮大風，到三天門起雲霧，登頂封臺時已見雪冰。張岱寫道，「天且不自知，而況於人乎？」[8]

張岱的手腳此時已經凍僵，牙家把他帶到一棟簡陋的小土房，升起小火讓他取暖。等到他身體暖和，離開土房時，濃霧又起，視線朦朧，只能摸索前行，「手先於趾」，終於抵達山頂供奉護山神「元君」的碧霞宮。[9]殿內有三座元君像，都不算大，但是相傳非常靈驗。左手邊的神管生育，右手邊的神管治療眼疾。中間的神像座前懸掛了一枚金幣，只要是想得到各種福報的人，都可向祂祈求。香客把銅錢或小銀錠自柵欄之外朝金幣投擲，若能投中，則更受保佑。結果神像四周地上堆滿供奉。有些香客會以白銀謝神：求子得子者，將白銀製成小兒狀；欲重見光明者，以眼睛狀白銀酬之。另外還以綢帛、金珠、寶石，甚至膝褲、珠鞋之類供奉佛像。山腳有軍營駐紮，每晚皆派兵巡視碧霞宮，守護供奉。[10]每隔一段時日，便清點香油供奉出售，以貼補山稅之不足。

張岱希望雲霧散去，得識泰山面目，但是牙家、輿人（轎夫）堅持務必在變天之前下山。張岱勸他們不動，只得屈從，因為他實在也看不清路，又無處投宿。但是下山的過程把張岱嚇得魂飛魄散：「輿人掖之竟登輿，從南天門急下，股速如溜，疑是空墮。余意一失足則虀粉矣，第合眼據輿上作虀粉觀想，常憶夢中有此境界，從空振落，冷汗一身時也。」[11]

回到客棧之後，牙家備妥「朝山歸」筵席，搬演戲劇，酌酒相賀。[12]張岱完成朝聖，牙家也很歡喜：名利雙收，香客有好視力、又得子嗣，夫復何求？但是這趟朝聖讓張岱失望，筵席吃起來也覺得無味。張岱見夜空清爽，繁星明朗，便想次日再登一次泰山。天剛亮，張岱把這想法告訴牙家，結果遭到拒絕：沒有人再登一次泰山的，這會招來災厄。張岱決定自己想辦法，費了一番工夫才找到願意載他上山的山樏，知道他昨日上過山頂的當地人對他無不指指點點，笑他愚蠢。但是這趟上山實在值得，天候清朗，景致壯麗。這回張岱也有時間到泰山上的其他寺廟看看，一窺佛經、四書碑文；而且因為天氣放晴，看得更清楚，他才驚覺昨天在一片濃霧中下山有多麼危險。

張岱這次登泰山的經驗並不算正面。有兩件事尤其讓他悻悻然：一是登頂途中乞丐隨處可見，進香朝聖之旅擺脫不了銅臭味。另外就是香客隨意刻字於崖石，或立碑於寺廟。有些香客把前人雅致的刻文磨去，在原處刻上並不高明的字，有些則是咬文嚼字，抒發陳腔爛調。「萬代瞻仰」、「萬古流芳」是兩個張岱尤其不以為然的例子。張岱認為乞丐與其間的進香者，「無處不作踐泰山清淨土，則知天下名利人之作踐世界也與此正等」。[13]

這類對宗教（以及聖地）事物的意義抱持模稜兩可的態度，在張岱的文字中多所映照。以激發歷史幽情與象徵意義而言，少有其他地方比得上曲阜孔廟，但是張岱對孔廟卻毫無景仰之意。張岱在崇禎二年（一六二九年）訪孔廟，還得付錢才能進去，而且孔廟處處是失當突兀的標語，用來引導不明究裡的遊客。但張岱似乎相信他撫摸輕拍的老檜真的是孔子親手種植的：「摩其幹，滑澤堅潤，紋皆左紐，扣之作金石聲。」張岱也注意到，為防宵小竊取，祭壇上所用禮器都已釘牢。[14]

張岱雖然遊歷四方，看遍大小寺廟，與許多所謂賢者交談，但真能吸引張岱一窺堂奧的人卻是屈指可數。有些人確實有意邀請張岱，但他無心跟從。譬如崇禎十一年（一六三八年）的某個冬日，張岱提到他同僕役（蒼頭）帶著竹兜，到南京東南方的棲霞山，登頂訪寺。「山頂怪石巉岏，灌木蒼鬱，有顛僧住之，與余談，荒誕有奇理，惜不得窮詰之。」張岱雖然失望，卻心生兩個彼此相反的念頭：一、顛僧所居的山上，巖石盡刻佛像，猶如古代刑律，每座巖石都受「黥劓」。但張岱也不能否認，遠眺長江帆影點點，心中「稍然有山河遼廓之感」。[15]

張岱打算打道回南京時，有一人從他前面行過，張岱一看，原來是舊識蕭伯玉。於是兩人就在附近的寺廟裡閒聊，喝著僧人準備的茶，天南地北，無所不談，包括進香朝拜之事。蕭伯玉對寧波外海的普陀山很有興趣。張岱剛好才在三月底、四月初到過普陀山，並完成《普陀志》一部。[16]張岱從篋底找出一冊，兩人一同切磋。蕭伯玉讀了張岱的《普陀志》大喜，還為此書寫了一篇序。張、蕭二人就著火把一同下山，徹夜長談，方才告別。

普陀山長十里、寬三里餘，座落在寧波以東百里處。相傳普陀山是觀世音菩薩在人世間的居所，所以自古享有盛名。遠洋航行的船舶在寧波靠岸，貨物再取道杭州進入大運河，或是走其他水路與長江流域進行貿易。隨著寧波通商集散之名愈來愈盛，普陀山也愈來愈有名。

張岱估計，島上至少有七十五座寺院，大小不一，另有兩百座規模較小的庵廟，名勝風景不計其數。相傳陰曆二月十九日是觀世音菩薩誕辰，更是進香高峰。張岱是在崇禎十一年（一六三八年）到普陀山，換算成陽曆，這年的觀音生日應是四月初三。張岱為了趕上宗教盛會，在三月三十一日搭船，他注意到隨著這莊嚴日子的接近，杭州愈是雜沓喧囂。觀音誕辰之前好幾週，來自各地——尤其是北方——的香客都來到杭州；城裡到處都有攤販在大太陽底下叫賣各種貨物，各寺廟廣場也是擠得水洩不通。張岱一一細數，有髮簪、粉妝、化妝水、象牙、小刀、善書、茭杯、神像、各色玩具、小飾品等。[17]

張岱不喜海上航行，他也注意到每次邀友人跟他一同出海，朋友全都找藉口推辭，只有秦一生例外，他曾跟著張岱去過幾處寧波一帶的寺廟。張岱認識一個曾經去過普陀山的人，這人就是張岱的外祖父陶蘭風，島上還有一處寺廟至今還留著陶蘭風的題字。一般人對這種旅行避之唯恐不及，張岱覺得也是情有可原。普陀山可看的東西不多，只有古剎名寺，以及簇擁的善男信女「三步一揖，五步一拜，合掌據地，高叫佛號而已」。[18]

況且，到普陀山這趟旅行也談不上愜意。海相不靖，狂風大作。船家唐突又迷信，把紙錢撒在海上，以安撫海龍，還要旅客噤聲，以免驚擾海神。而信徒前往普陀山所搭的廉價客船，其住宿條件張岱也不能苟同。這種「香船」的飲食水火之事由稱為「香頭」的和尚負責，張岱說這「是現世地獄。香船兩槅，上坐善男子，下坐信女人。大篷細縛，密不通氣，而中藏不盥不漱，遺溲遺溺之人數百輩」。張岱認為想要鬆活些的話，只能乘官艙「唬船」。唬船的客艙寬敞，可行立坐臥，箬篷收起，可流通空氣。搖槳者皆水營精勇，慣習水戰；航行時，兩旁各用十八隻槳，也十分安全。[19]如果張岱真的是乘香船出海，恐怕很快就會改變心意換搭唬船的，因為他寫到夜半時分，披衣坐在甲板上，微風輕拂，月色麗金，簇簇波面，甚是享受。[20]

張岱在普陀山倒沒有得到什麼開悟，不過的確看到若干十分虔誠的現象。在觀音誕辰前夕，成千上萬善男信女「鱗次坐」，擠滿殿廡內外，徹夜誦經，並燃香觸頭頂、手臂苦修，甚至還可聞到皮肉燒烙的氣味。[21]就連張岱也不免要想，觀音大士慈悲為懷，難道樂見此等供奉？許多香客在沒睡覺又受痛的狀態下，會見到觀音大士像移動或是大放光明；張岱對此並不意外，但是當他問住僧可曾親眼見過觀音大士的種種異象時，住僧正色回答，觀音大士已在萬曆年間遷移他處，如今已不復見顯靈。這答覆這麼天真，張岱還得忍住才不會笑出來。

普陀山一如泰山，整體運作有條不紊，每天都有好千人要吃飯、市集的規模和商業手法，在在令張岱刮目相看。張岱在普陀山也享受到他沒料想到的歡愉，如閒步至普陀山著名的沙灘，兩座古剎分居兩端，相距千步之遙，只見「海水淘汰，沙作金黃色，日照之有鋩。是沙步為東洋大海之衝，不問潮之上下，水輒一噴一噏。余細候之，似與人呼吸相應，無晝無夜，不疾不徐，其殆海之消息於是也」。張岱從另一座山東望，但見大海窅窅無邊，天際杳靄蒼茫處，矇朧有陸地之輪廓：張岱相信這是三韓、日本、扶桑諸島。[22]然而世事總有突兀之處：當地漁夫每日捕了數萬條魚，全都下了肚，似乎有違戒律。雖有善布施、慷慨、慈悲為懷等善行，仍不免有鋪張虛飾的情事。張岱向來都以個人的親身經歷，從小處勾勒大原則。張岱在整個長達一個多月的進香期間謹守持齋戒律，等到他在舟山島的定海上岸，進香結束，便趕到當地市集，買了他愛吃的黃魚。這頓佳餚張岱渴望已久，但才吃下去，沒多久就又都吐了出來。[23]

張岱把他在信仰與進香世界中一陸、一海兩種不同的經驗放在一起，得出他自己一套看法：「余登泰山，山麓稜層起伏，如波濤洶湧，有水之觀焉。余至南海，冰山雪巘，浪如嶽移，有山之觀焉。山澤通氣，形分而性一。泰山之雲，不崇朝雨天下，為水之祖。而普陀又簇居山窟之中，水之不能離山，性也。使海徒瀚漫而無山焉，為之固肌膚之會，筋骸之東，是有血而無骨也。有血而無骨，天地亦不能生人矣，而海云乎哉！」[24]

即使張岱不常作這類長途旅行，但一旦為之，總會遇到來自大江南北的旅人，並談上幾句。尤其是水路之行——不管是從杭州走大運河北上京城，或是循鄰近河道，或出海前往普陀山——總不免有等待或無事可做的時候，於是與陌生人攀談也就成了家常便飯。尤其是在晚上往來江南一帶的渡船，艙底堆滿貨物，上層甲板給旅客活動，整理得相當乾淨，停靠的港口也少，旅客的教育水準也比較高。這讓張岱動念寫書，將各類知識編纂成書，名稱為《夜航船》。[25]張岱序裡頭解釋了寫此書的動機：「天下學問，惟夜航船最難對付。蓋村夫俗子，其學問皆預先備辦，如瀛洲十八學士，雲台二十八將之類，稍差其姓名，輒掩口笑之。彼蓋不知十八學士、二十八將，雖失記其姓名，實無害於學問文理，而反謂錯落一人，則可恥孰甚。」

張岱說許多人自稱博學才子，卻是徒有虛名，時常犯下大錯，實在可悲。他寫了一則所謂讀書人與遊方僧同宿渡船的故事，以說明這一點。這遊方僧蜷縮船艙一隅而寢，而讀書人卻高談闊論，大放厥辭。僧人始終以禮相待，但最後也對讀書人所說的種種不真確之處感到錯愕，以致以「伸伸腳」為由，離開船艙。那讀書人的長篇大論也到此結束。

對張岱來說，問題在於學習的整個性質為何。在紹興附近的城鎮，幾乎每個人都能識字，一直要到二十歲才加以篩選，有人繼續讀書為學，其餘者則棄文習藝。在這種地方，就連百工藝匠也讀過不少書，堪稱「兩腳書廚」。不過他們的學問基礎不深，所以也算是某種無知，而浮誇的學者一樣也是不學無術。

那麼解決之道何在呢？張岱以為，並不在完全放棄鑽研古人與重要典故，而是要能從繁浩典籍中找出真正重要的行誼，並從充棟的史料中萃取精華。於是張岱綴集自古以來值得一記的事物，以備乘船與旅伴言之有物所用。為達此一目的，張岱廣採博蒐——從天文、地理、考古、政事、禮樂、方術、外國、植物等——共匯集二十部，在每一部之下，張岱羅列他認為有必要知道之事。若能具備這些知識，乘船旅行就不會碰到尷尬窘迫之事了。不過，這項工作並不容易，張岱最後總計蒐了四千餘條名目，各附阨要解釋。張岱若要「勿使僧人伸腳則可矣」，這部作品綽綽有餘了。[26]

張岱的《夜航船》中有一卷談的都是外國風情，從鄰近的朝鮮、日本，遠至忽魯護斯（Hormuz，編按：今荷姆茲島或荷姆茲海峽，位於波斯灣與阿曼灣之間）和三寶太監鄭和於一四二〇年代探訪的非洲東岸。[27]這類內容讀來或許有趣，但全書三十萬字全沒提到西洋天主教士以中文所寫的著作。西洋傳教士在北京遭到迫害，在天啟年間改以杭州為宣教的根據地。天主教徒在杭州招收信徒，而支持與批評教會的人針對基督信仰的意義與西方社會的本質進行辯論。

張岱的祖父張汝霖也參與辯論，表現出他折衷的治學風格。他在萬曆四十三年

（一六一五年）前後便細讀過耶穌會士利瑪竇（Matteo Ricci）以中文寫的著作（談的是如何過道德的生活），總結其內容概要，並應一位杭州的知名信徒之請，寫成一篇序言，向廣大中國讀者推介利瑪竇的著作。[28]張汝霖在序中指出西洋種種道德之說與儒、佛之道教格格不入，但最後還是言不由衷，贊同這本書是能讓愚笨的人變得聰明，但也能教聰明人變笨。這位西洋學者的文筆略顯冗贅賣弄，就好比盲人揮閃著金色外衣要看見東西，或者回家的人還在頭上耍大旗。祖父或許覺得若干論斷有失之偏頗，所以又溫言說，有人吃雞喜歡吃雞爪，有人吃魚喜歡吃魚下巴。我們實在不能以偏概全。[29]

張岱的同鄉好友祁彪佳曾為張岱的《古今義烈傳》寫了一篇文情並茂的序。祁彪佳家中也藏了幾種天主教著作，張岱可隨時翻閱。張岱寫過一篇論利瑪竇的文章，但未署明日期，後來收錄在他的明史著作中。[30]由此看來，天啟年間以中文書寫、中國讀書人看得到的各類天主教著作，張岱讀了很多。比方說，他知道利瑪竇在萬曆三十八年（一六一〇年）死在北京時，耶穌會神甫龐迪我（Diego de Pantoja）人也在北京，這時王豐肅（Alfonso Vagnoni，編按：南京教難後改名高一志）已到南京、杭州，吸收了許多信徒。張岱也知道南京有好些學者認為耶穌會士很麻煩，還上奏皇帝禁止耶穌會士下廣州。張岱還知道有些傳教士不顧禁令，從南方潛回南京，繼續宣教。

利瑪竇在一五八〇年代飄洋過海，來到中土。張岱稍加推估，利瑪竇花了三年的時間，跋涉四萬三千公里，讓他非常佩服。所乘的大船能載一千五百人，航行「茫無津涯，惟風所之」。張岱對利瑪竇筆下所寫的歐洲很感興趣：西人用陽曆，而非陰曆。交易通貨使用銀幣，喜愛玉和寶石的人並不多。各種犯罪少有發生，若是發生，必定被視為大事。西人歐洲有機械鐘，每十五分鐘敲小鐘，整點敲大鐘——利瑪竇帶了幾座自鳴鐘當貢品。西人通常住在高塔以防地面濕氣，以金、錫製成罐子。張岱記載，西人有一種橫擺的琴，寬一公尺餘、長近兩公尺，內有七十條弦，以精鐵鑄成，弦與琴等長，連接到外部的鍵盤。利瑪竇曾進了一台西洋琴到宮裡。西人熱中天文地理之學，並帶來各種相關儀器。西人說地球乃是浮於蒼穹之中，所以若是一直西行，到了地之盡頭，便會轉而東行。同理，若是往極北行，終將轉而向南。雖然據傳利瑪竇善於煉丹，也通醫理，但西人對占卜顯然不感興趣。天朝與泰西還有一處類似，頗出人意外：根據利瑪竇所述，西方有七十國，其面積「廣大不異中國」，同時「正北亦有虜，防之亦如中國之防虜，有堅城、火器、弓矢。內地雖城，不必堅」。

利瑪竇學習漢語，以期「讀孔氏書，故能通吾言」，這份決心也教張岱很佩服。張岱說利瑪竇是抵達中土之後才知有佛教，但他並不願意認真看待，因為佛教徒不承認上帝先於經驗而存在，並有指引的力量。

利瑪竇來自的地方還有若干有趣之事。有七十餘國，各有其主，統帥領土，彼此和諧共處，全賴教皇居中帶領，並有兩千名才德兼備的神職從旁輔佐。其宗教有三大並存的要素：古代的哲人聖徒，經文由其所撰，指點迷津，慰藉心靈；有神，還有神的母親。（張岱說根據基督徒的說法，神沒有父親。）這遠方的社會結構森嚴，教皇與宗教領袖獨身不婚，因此能避免許多爭執與鋪張，就連那七十個領主也不納妾；「無二色，復何淫辟昏蕩之有哉？」利瑪竇在二十五歲離開家鄉便已守貞獨身，來到中國二十七載，也不改其志。在利瑪竇的家鄉，許多女性也不結婚，結果很多男子就沒了結婚對象。若想成為學者，也必須寒窗苦讀，書本昂貴，考試不易，這與中國似乎頗為相像，但是東、西方還是有根本的差別：「其俗，凡讀書學道者不娶，中制科為榮耳。」

西人宗教軌儀的基本成分很簡單：「其類（指利瑪竇國人）早起拜天，願己今日，不生邪心，不道邪言，不為邪行。晚復拜天，陳己今日，幸無邪心，無邪言，無邪行。久則早晚願己，生如千善心，道如千善言，為如千善行。如此不廢，著書皆家人語。」張岱可以看出，是有可能由此得到結論，有許多基督教的教義也可在孔、孟、佛、道的經典中看到，因此對整個西方文化得到正面的看法：「起於齊民，終於齊民，不公平何之？」

不過張岱只要一想到道德問題，內心就會開始生出疑惑。張岱的作法通常是在文章結尾一口氣提出所有的疑惑：「天主一教，盛行天下，其所立說，愈誕愈淺。山海經輿地圖，荒唐之言，多不可問。及所出銅絲琴、自鳴鐘之屬，則亦了不異人意矣。若非西士超言一書，敷辭陳理，無異儒者，倘能通其艱澀之意，而以常字譯太玄，則又平，無奇矣，故有褒之為天學，有訾之為異端，褒之訾之，其失均也。」[31]對張岱來說，真理就跟信仰與實踐的許多其他領域一樣，都處於兩者之間。

張岱也認為，人所深信之事一如令人悚懼或興奮之事，往往荒誕不稽，不容易說清楚。就像煙火中的火焰，自有其強烈的力量。崇禎十一年（一六三八年），張岱與朋友秦一生遊罷普陀島而歸，前往寧波阿育王寺[32]，這次經驗最能說明這一點。阿育王寺是為了紀念佛教早期的護教者印度阿育王，他於公元前三世紀整理佛陀的八萬四千顆舍利子，據信其中有部分傳抵中土。寧波阿育王寺就藏有佛陀舍利。梅檀佛旁便殿內，有萬曆母親慈聖皇太后所賜的銅塔，用來藏舍利子。張岱的曾祖張文恭正是在萬曆年間及第做官的。在張岱眼裡，阿育王寺特別秀美：「煙光樹樾，攝入山門，望空視明，冰涼晶沁。」佛寺的環境雖好，但是皇太后所賜的藏舍利子銅塔卻透著不祥。就如張岱所解釋：「凡人瞻禮舍利，隨人因緣現諸色相，如墨墨無所見者，是人必死。」

張岱筆調之嘲諷，讓讀者看不太出來他對宗教的看法，不過倒是可以確定張岱看到了光明與黑暗之間的那道界線。張岱寫道，太陽初升，有寺僧來到張岱和秦一生的廂房，指引他們前往佛殿，並打開藏舍利子的銅塔。張岱瞧見紫檀佛龕內有一六角小塔；小塔材質不知何物，裝飾精巧，刻有文字，張岱認出是梵文。舍利子便在第二個容器內，自塔頂懸垂而下，搖搖不定。張岱定睛瞅視，相信自己看見三珠成串，彷如牟尼串。舍利子煜煜有光。張岱凝視片刻，躬身尋求影像；他再次緊盯著舍利子，心所期盼的影像出現了：是一尊白衣觀音小像，「眉目分明，鬅鬘皆見」。[33]但是秦一生就沒這麼幸運：「秦一生反覆視之，訖無所見，一生遑遽面發赤，出涕而去。一生果以是年八月死。」

張岱在十年前完成第一本著作。祁彪佳稱讚張岱文筆洗練，為此書作序時寫道，他至少要用兩百字才能說完的事，張岱只需二十餘字便能盡述。[34]我們可由此推斷，張岱只以寥寥數字便交代了秦一生參訪阿育王寺之後所發生的事，這種簡練乃是當時所好。秦一生的死不是誰的錯，如果真有原因，只能怪秦一生沒有想像力。張岱就算是被轎夫抬著從泰山結冰的階梯急奔而下時，都還能想像死期將屆，因而免於一死，秦一生卻無法逼自己去揣摩他需要的意象。這就是為什麼張岱能活著回家，寫下這則軼事，而秦一生卻難逃一死，走上黃泉之路。[35]

註釋

1 **父親在魯王府**　張岱著，夏咸淳點校，《張岱詩文集》，頁二五六至二五八。有關他的職責，見《揚州府志》（一五九六年），卷十，頁八b，「長史司」。魯王府的松棚，張岱，《陶庵夢憶》，卷六，篇十二；Brigitte Teboul-Wang法譯，《陶庵夢憶》，#89，頁一二一。

2 **魯王府的壯麗**　張岱，《陶庵夢憶》，卷二，篇四，〈魯藩煙火〉；Brigitte Teboul-Wang法譯，《陶庵夢憶》，#19，頁四十一至四十二。譯文和優美的分析，見卡發拉斯（一九九五年），頁一五五至一五六。筆者依Teboul-Wang，稍微更動了卡發拉斯的譯文。見卡發拉斯（二〇〇七年），頁一一五至一一六。

3 **泰山**　張岱自己的記述收錄在張岱著，夏咸淳點校，《張岱詩文集》，頁一五〇至一五九，〈岱志〉。有關這趟旅程的分析及長篇譯文，可參考吳百益（Wu Pei-yi），〈十七世紀往泰山的矛盾朝聖〉(Ambivalent Pilgrim to Tai shan in the Seventeenth Century)，頁七十二至八十五；有關張岱這趟行程的日期，見前揭文，頁七十三。「牙家」一詞的意思似乎更貼近掌櫃而不是導遊。

4 **稅**　張岱，《陶庵夢憶》，卷四，篇十五；Brigitte Teboul-Wang法譯，《陶庵夢憶》，#61，頁八十七至八十八。譯文亦可見吳百益，〈十七世紀往泰山的矛盾朝聖〉，頁七十五，以及宣立敦，《鏤刻的山水》，頁三三九至三四一。

5 **食宿**　張岱，《陶庵夢憶》，卷四，篇十五；張岱著，夏咸淳點校，《張岱詩文集》，頁一五一至一五二。譯文見吳百益，〈十七世紀往泰山的矛盾朝聖〉，頁七十四至七十五，以及宣立敦，《鏤刻的山水》，頁三四一。

6 **餘興節目和額外花費** 張岱著，夏咸淳點校，《張岱詩文集》，頁一五一至一五二；吳百益，〈十七世紀往泰山的矛盾朝聖〉，頁七十七。另見達白安（Brian Dott），《身分的反思：中華帝國晚期的泰山朝聖》(*Identity Reflections: Pilgrimages to Mount Tai in Late Imperial China*)，頁九十六至九十九。

7 **乞丐的錢銀** 張岱著，夏咸淳點校，《張岱詩文集》，頁一五二；吳百益，〈十七世紀往泰山的矛盾朝聖〉，頁七十七。

8 **天候** 張岱著，夏咸淳點校，《張岱詩文集》，頁一五〇。

9 **碧霞宮** 張岱著，夏咸淳點校，《張岱詩文集》，頁一五五；碧霞宮簡史，可參考吳百益，〈十七世紀往泰山的矛盾朝聖〉，頁七十九至八十，達白安，《身分的反思：中華帝國晚期的泰山朝聖》，頁二六五至二六七。

10 **供奉與巡視** 張岱著，夏咸淳點校，《張岱詩文集》，頁一五五至一五六；吳百益，〈十七世紀往泰山的矛盾朝聖〉，頁七十八至七十九。

11 **下山** 張岱著，夏咸淳點校，《張岱詩文集》，頁一五六。

12 **朝山歸** 張岱著，夏咸淳點校，《張岱詩文集》，頁一五六至一五七；吳百益，〈十七世紀往泰山的矛盾朝聖〉，頁八十一至八十二。

13 **最後評價**　張岱著，夏咸淳點校，《張岱詩文集》，頁一五三；吳百益，〈十七世紀往泰山的矛盾朝聖〉，頁七十七至七十八。

14 **孔廟**　張岱，《陶庵夢憶》，卷二，篇一；Brigitte Teboul-Wang法譯，《陶庵夢憶》，# 16，頁三十七至三十八。譯文見宣立敦，《鏤刻的山水》，頁三三八至三三九；卡發拉斯（二〇〇七年），頁二十九。

15 **顛僧**　張岱，《陶庵夢憶》，卷三，篇十四；Brigitte Teboul-Wang法譯，《陶庵夢憶》，# 44，頁六十七至六十八。

16 **普陀朝聖**　張岱著，夏咸淳點校，《張岱詩文集》，頁一五九至一七二，〈海志〉。張岱的這趟行程，見卜正民，《為權力祈禱：佛教與晚明中國士紳社會的形成》，頁四十六至四十九，及吳百益，〈十七世紀往泰山的矛盾朝聖〉，頁八十三。進香的地區，詳見于君方，〈普陀山：朝聖和中國觀音道場的創立〉(P'u-t'o Shan: Pilgrimage and the Creation of the Chinese Potalaka)(張岱的普陀朝聖，見于君方，頁二二七至二二九)。張岱目前留存下來的一六五八年修訂版，並未納入蕭伯玉的序文。亦可參考于君方，頁二〇二至二〇三，有關普陀山的經濟狀況和詳盡地圖。

17 **杭州的喧囂**　張岱，《陶庵夢憶》，卷七，篇一；Brigitte Teboul-Wang法譯，《陶庵夢憶》，#

94，頁一二五至一二七。吳百益，〈十七世紀往泰山的矛盾朝聖〉，頁八十三至八十四。

18 **風景名勝普陀島** 張岱著，夏咸淳點校，《張岱詩文集》，頁一五九至一六〇。前揭書，頁一七〇，提到秦一生。寺廟的數量，前揭書，頁一六九。外祖父陶蘭風，見張岱著，夏咸淳點校，《張岱詩文集》，頁一六三。

19 **香船** 張岱著，夏咸淳點校，《張岱詩文集》，頁一六九。亦可參考吳百益，〈十七世紀往泰山的矛盾朝聖〉，頁八十三，以及于君方，〈普陀山：朝聖和中國觀音道場的創立〉，頁二四一，註二十五。「唬船」，見張岱著，夏咸淳點校，《張岱詩文集》，頁一六九至一七〇。船夫的迷信，見張岱著，夏咸淳點校，《張岱詩文集》，頁一六一。

20 **甲板上的張岱** 張岱著，夏咸淳點校，《張岱詩文集》，頁一六一。

21 **徹夜誦經** 張岱著，夏咸淳點校，《張岱詩文集》，頁一六四，以及于君方，〈普陀山：朝聖和中國觀音道場的創立〉，頁二二七至二二八。

22 **沙灘** 張岱著，夏咸淳點校，《張岱詩文集》，頁一六五。遠方島嶼，見前揭書，頁一六六。

23 **定海佳餚** 張岱著，夏咸淳點校，《張岱詩文集》，頁一六八。于君方，〈普陀山：朝聖和中國觀音道場的創立〉，頁二四一，註二十五。

24 **泰山與普陀** 張岱著，夏咸淳點校，《張岱詩文集》，頁二七二。

25 **夜航** 見張岱，《夜航船》，頁一（序文），及頁三三四，記異國。有關晚間渡船在長江三角洲農村經濟的角色，見薛湧，〈農業城市化〉，特別是頁三五六、三六〇至三六二。

26 **渡船的知識範疇** 見張岱，《夜航船》和序文，日期不明。部分譯文，見薛湧，〈農業城市化〉，頁三六〇。卡發拉斯（二〇〇七年），頁一九〇至一九一。

27 **列舉之異國** 張岱，《夜航船》，第十五部，頁三三一至三三七。

28 **祖父論利瑪竇** 張汝霖，〈西士超言小引〉（頁碼不明），收錄在楊廷筠，《絕徼同文紀》（一六一五年）。這篇文章是評論利瑪竇的〈畸人十篇〉。亦可參考《明人傳記辭典》，頁一一四一；德禮賢(Pasquale D'Elia)，《利瑪竇全集》(*Fonti Ricciane*)，卷二，頁三〇一至三〇六；以及史景遷，《利瑪竇的記憶宮殿》(*The Memory Palace of Matteo Ricci*)。編者楊廷筠，見《清代名人傳略》，頁八九四。

29 **祖父的評論** 張汝霖，〈西士超言小引〉。

30 **利瑪竇遺緒** 張岱，《石匱書》，重印本，卷三二〇，頁二〇五至二〇七；原初頁碼，卷二〇四，〈方術列傳〉，頁四十五b至四十九。另可參考陳慧宏（Hui-hung Chen），〈人、宗教、科學之間的遭遇：十七世紀中國的耶穌會視覺文化〉(*Encounters in Peoples, Religions, and Sciences: Jesuit Visual Culture in Seventeenth Century China*)，布朗大學博士論文，二〇〇三年。

31 **張岱論利瑪竇** 張岱，《石匱書》，重印本，卷三二〇，頁二〇七（原初頁碼卷二〇四，頁四十九），張岱同時代、之後對利瑪竇生平的描述，見葉揚，《晚明小品文》，頁六十。

32 **阿育王寺** 張岱，《陶庵夢憶》，卷七，篇十五，〈阿育王寺舍利〉；Brigitte Teboul-Wang法譯，《陶庵夢憶》，# 108，頁一三九至一四〇。梅維恒編，《哥倫比亞傳統中國文學文選》，頁五九四至五九五（譯文轉引自宣立敦，《鏤刻的山水》，頁三五〇至三五一），以及卜正民，《為權力祈禱：佛教與晚明中國士紳社會的形成》，頁四十三。阿育王在位期間是西元前二六八至二三二年。張岱與秦一生的友誼，見張岱，《陶庵夢憶》，卷一，篇十三；Brigitte Teboul-Wang法譯，《陶庵夢憶》，# 13，頁三十三。

33 **眼觀異象** 張岱，《陶庵夢憶》，卷七，篇十五，譯文援引自宣立敦，《鏤刻的山水》，頁三五一。

34 **張岱的洗練文筆** 見祁彪佳為張岱第一本歷史著作所寫的序，詳見胡益民，《張岱評傳》，頁八十五至八十七；祁彪佳的評論轉引自胡益民，《張岱研究》，頁一〇二至一〇三。

35 **秦一生的命運** 最後的評論是筆者所作，而非祁彪佳。

第五章

亂世熱血獨愴然

天啟七年（一六二七年）九月底，明熹宗駕崩。皇帝登基駕崩，臣民繼續過著自己的生活本是常態，但因為天啟一朝腐敗的程度，歷朝歷代少有能及者，所以熹宗的駕崩勢必引起很大的反響。萬曆四十八年（一六二〇年），熹宗的父親光宗即位不足一月，便遭人毒死，廷臣倉促擁立未滿十五歲的熹宗登基，以免後宮妃嬪與閹官聯手攝政。但是廷臣錯估局勢，閹官魏忠賢入宮三十載，善於玩弄宮廷權謀，深受新太后與乳母所信賴，而少年熹宗也對魏忠賢寵信有加。[1]

年少的熹宗喜歡做木工，也樂得放手讓魏忠賢處理朝政，自己則留連作坊，就連朝廷老臣也無緣見龍顏，只得聽任魏忠賢及手下爪牙決斷國事。等到魏忠賢掌握朝廷、宮中府庫之後，就指派親信閹官到各富庶省城任職，搜刮稅銀，畢集於戶部。此時國庫支絀，叛亂四起，西北蒙古各部蠢蠢欲動，東北關外又有滿族鐵騎窺伺，但朝廷官兵卻是錢糧俱缺。雪上加霜的是，朝廷政治黑暗，造成北疆戍邊良將死的死、含冤的含冤。滿人更是有恃無恐，於天啟六年（一六二六年）加強攻勢，這從滿族籌畫全面興兵入關便可看出。

熹宗在位期間，魏忠賢的黨羽勢如中天，東廠錦衣衛的耳目遍布京城，官員若是有膽批評個人或政策，就算是國之重臣，魏忠賢也能教他死在朝廷之上。最有名的案子發生在天啟五年（一六二五年），楊漣、左光斗、袁化中、魏大中、周朝瑞、顧大章六名大臣遭到逮捕拷打。這六名大臣都有功名，其中又以楊漣為首。楊漣本為御史大夫，竟膽敢諫劾魏忠賢二十四大「罪狀」，於是遭到醜詆納賄，在牢中被活活打死。其他五位大臣也被屈打逼供，慘死獄中。但竟然有官員阿諛奉承，極盡獻媚之能事。譬如浙江巡撫在天啟六年（一六二六年）上疏，祈請在西湖湖畔為魏忠賢建生祠。朝廷准奏，結果各省官員爭相效尤。要等到熹宗於天啟七年（一六二七年）賓天，魏忠賢才告失勢。因為熹宗的五個兒子都早夭，於是就由其弟繼承帝位，是為思宗。這年十二月，思宗將魏忠賢免職之後，旋即下詔逮捕魏忠賢。魏忠賢不想讓他加諸別人身上的手段還諸己身，於是自縊身亡。新帝行事果決明快，時局氣象似乎煥然一新。

如此驚天動地的消息總是傳得很快；張岱也受其影響，於是決心寫一部詳細的明朝史。說來也很巧，熹宗駕崩之時，張岱剛好完成他第一部著作。此書乃是古人事蹟之合集，由張岱廣蒐正史、博採野史，上起西周，下至蒙元。張岱最後整理出將近四百則，親手仔細抄錄。此書從萬曆四十六年（一六一八年）開始編纂，當時張岱剛成婚不久，初刊題為《古今義烈傳》，蒐羅歷來良將、碩儒、廉吏、明君，但出身卑微之人，如商賈、僧人、乞丐，也廁身其間。每個人物都立有小傳，後置贊語。各篇都會將作者與讀者相連。張岱繼續解釋著述動機，並提到宋代詩人蘇東坡，東坡曾說：「子無病而多蓄藥，不飲而多釀酒。」張岱引述蘇東坡的話：「病者得藥，吾為之體輕；飲者困於酒，余為之酣適。」所以對張岱而言：「使得同志如余者，快讀一過，為之眥裂，猶余眥裂；為之撫掌，猶余撫掌。」[2]

張岱希望寫史，這個想法源自他展讀歷代節義之士的事蹟，心頭總覺熱血慷慨，就如「肉食虎狼，冰顧湯鑊，余讀書至此，每為之夾赤耳熱，眥裂髮指，如羈人寒起，顫慄無措；如病夫酸噎，泪汗交流」。[3]

這類激奮張岱心志之士在古代可謂處處可見。他們生來便喜冒險患難，一眼就能認出同道之人：「天下有絕不相干之事，一念憤激握拳攘臂，攬若同仇。雖在路人，遂欲與之同日死者。」典範雖在夙昔，但卻有益吾人理解今日的局勢：「余見此輩，心甚壯之，故每涉覽所至，凡見義士俠徒，感觸時事。」時局愈是危阨，良方愈是難覓，事件的發展似乎也愈激盪人心：「何者?文下事不痛則不快，不痛極則不快極。」所以在日常生活也是如此，猛藥才是良方：「強弩潰癰利錐拔刺，鯁悶臃腫，橫絕無餘。立地一刀，鬱積盡化，人間天上何快如之！」

張岱還談了《古今義烈傳》的治史方法，他把要寫的人分為幾類。[4]有兩種人值得稱頌，其行動遽然而發，慨然無我。第一種人「慷慨赴義，必於倉皇急遽之中，生死呼嘯之際，感觸時事，卒然迸裂，如電光江濤，不可遏滅」。另有一種人的卓然氣節與這種人相關，「乃有為國捐軀，至死不悔，是蓋純任憤烈，非謂當然而然也」。果敢行動背後的力量勃然而發，令張岱動容，而這正是為什麼他不想寫荊軻之流、為「恩結」赴死的劍客，不寫「君臣之分，莫逃天壤，而有死無他」的大臣。張岱也不寫不值為之而死、或是出於「積處所成，非義憤所激」而死的人。

張岱在最後一段筆鋒一轉，出言有可能招來橫禍：「故凡豺狼當道，請劍無門，雖能以一身挫其鋒，以片言折其角者，並收列之，蓋欲以空言存斧鉞，不欲以成敗論英雄也。」如果張岱所提以前的議題與當前時事相關，就算有人說他信口雌黃、沒有根據，他也會將之刪去，因為他希望他的文字能夠彰顯仁義道德。張岱在此的典範應是史家董狐，孔子曾稱許他的耿直，拒絕掩飾刺眼的真相。張岱最後以嘲諷的口吻作結，說即使馬、犬、鳥、猴也有懿行傳之於世，譬如救騎馬之人於溺水之中，或示警賊之將至，所以他也會予以適當的記載：「余特署之於簡，以愧世人之不知猴馬者。」[5]

從崇禎元年（一六二八年）到二年的時間，張岱多半忙著安排《古今義烈傳》的刊刻印行，並邀友人、當地文人作序。結果好評如潮，還有人把張岱的成就與漢代史家司馬遷相比。這年（崇禎二年）秋天，張岱啟程北上探望父親。這些讚譽猶在耳際，也不免有溢美之嫌，但無疑讓張岱更堅定撰寫巨著的計畫：一部上起一三六八年明朝啟建、歷經十五位皇帝，迄於熹宗駕崩的書。為求謹慎，張岱至此擱筆，不對思宗快刀斬亂麻、剷除魏忠賢之事妄下臧否。

張岱看出魏忠賢的故事蘊含戲劇張力，甚至在事件爆發之初，似乎就已著手以魏忠賢一生起落為題材來寫一齣戲。魏忠賢垮臺過了一年多之後，《冰山》在紹興公開表演，反應十分熱烈。[6]張岱說戲臺前擠滿圍觀人群，門外的廣場也全都是人：群眾對勇敢的御史大夫楊漣[7]深表認同，當扮演楊漣的演員亮相唱出「某楊漣」時，在場觀眾開始高呼「楊漣！楊漣！」據張岱所說，乃「聲達外，如潮湧」。另外還有城中勞役顏佩韋[8]擊殺依附魏忠賢的當地貪官，他一登場，群眾也是「噪呼跳蹴，洶洶崩屋」。

崇禎四年（一六三一年），張岱二度北上山東，這回他帶著戲班，為父親獻演《冰山》。[9]當時看戲的人裡頭有不少在崇禎初年後在京為官，他們把親身經歷告訴張岱，張岱也將之寫入戲中。張岱說，他對這段期間所發生的事知之甚詳，讓其他觀眾非常驚服。

張岱面對魏忠賢的罪孽，道德立場顯然相當堅定，但對於其他人的過失，只要他們謹守《古今義烈傳》頌揚的宗旨，張岱也就不予深究，對自家族人怪異的金錢和政治作法尤其如此。張岱寫了一系列先祖傳略，用語看似坦率，實則頗經過一番斟酌。譬如高祖張天復一生的失敗，照張岱的推想，原因在於他無法順應西南邊疆的運作方式。張天復出任雲南要職，卻發現自己身陷當地官場與叛亂。雲南實際是由沐氏把持，他也願意出巨金賄賂張天復，以繼續把持雲南。張天復只消收下巨金，與沐氏分享平叛功勞即可。但是張天復以顧全廉節為由，嚴辭不受，結果他錢財功勞兩失。沐氏用這筆錢買通其他官員，找人抨擊張天復處置不當，然後再上疏彈劾張天復。後來因為天復之子文恭放下學業，急奔雲南，設法對簿公堂，張天復才死裡逃生，獲得緩刑——即便如此，張天復也已元氣大傷，前途全毀。[10]

曾祖張文恭雖然考場得意，卻是仕途坎坷，只因他不願逢迎當道，從俗向批閱試卷的座師獻媚。隆慶三年（一五七一年），張文恭中狀元，拔擢他的主考官是最有權勢的大學士，張文恭卻不屑這入列大學士門生的天賜良機，堅稱他乃出於羅康洲門下——張文恭築室龍山時，羅康洲也在此共讀。[11]根據張岱的說法，有人在這位大學士面前提到張文恭，他只說了一句：「是子病狂矣！」張文恭回應之道就是當大學士生病時，不願跟著趨炎附勢之徒去問候，大學士的族人去世時，也一概不去弔祭。張文恭寧可辭官返鄉，編修《紹興府志》。張岱寫道，曾祖張文恭「光明磊落，直以天下為己任。人且望其為救時宰相，而惜惟天下不造，乃不憖遺一老也」。

祖父張汝霖似乎也是同樣不識時務，把心思都放在讀書上頭——或許他有心克紹箕裘，也想得意科場，所以完全不管家產的經營。[12]雖然張岱的敘述簡練，措辭老套，不過從字裡行間，還是能見到張汝霖當年苦讀的生活細節：「文恭捐館（萬曆十六年），家難漸至。縣官修舊隙，魚肉人。大父讀書龍光樓，輟其梯，軸轤傳食，不下樓者三年。田產居積，多為人豪奪，不敢阻，直聽之而已。」或許張汝霖很聰明，知道若要金榜題名，就得遠離紅塵俗事——但也因他不涉庶務，導致家產為人所奪。

張岱詳述張汝霖如何寒窗苦讀，求取功名，被派到江西任縣令，又如何有幹才。[13]張汝霖一眼就能看出朝廷新徵礦稅會造成礦民逃入山中，有害於地方，於是就串連鄰近縣令，一同向新任稅官力爭，以遏止稅銀流失。當地縣志記載，閹官貪得無厭，課藥材以重稅而引發動亂，張汝霖也能成功平息。但是我們看不出來，這類舉措對張家有益。正如縣志所言，天下以節儉是尚，張汝霖雖出身巨族之家，卻能安於簡樸的生活。

張家先輩的作風堪稱耿介，相較之下，張岱的父親在魯王府當差的時候，作風似乎就比較是一派輕鬆，漫不經心。張岱寫道，天啟七年歲暮，此時父親就任不久，「山東妖賊猖獗，圍兗州城三匝，先子任城守，出奇退賊」。當地官員，例如監軍劉半舫——張岱曾於崇禎四年（一六三一年）為他獻演《冰山》，「皆敬禮先子，稱莫逆」。[14]

不久之後，張岱的父親張耀芳得令查核魯王府近來的刑案，結果他用自己的錢替拖欠庫銀的下屬保釋其家人，為死者買棺木，為返鄉之人提供盤纏。張耀芳還要求把監獄裡關的人全放了，再重新發落罪名，這樣在更審時便能赦免其罪，以張耀芳的話來說，救人者稱「義士」，盜賊者稱「俠客」，報仇者稱「孝子」，結果把這「活地獄」鬧得天翻地覆。不管是因為這些古怪的行為或是其他我們無從得知的原因，張耀芳在崇禎四年（一六三一年）離開魯王府。有關父親的去職，張岱只是一語帶過，父親重新審理完案件後，回到魯王府當差，「益究心沖舉之術，與人言多荒誕不經，人多笑之」。[15]

如果說張岱剖析先祖言行有月旦臧否之意的話，在此仍然看不出來。但是，張岱有兩篇長文提到伯祖張汝方與三叔張炳芳，就不是這麼回事了。這位伯祖比張岱的祖父張汝霖大了幾歲，不過，講到家產、學問，似乎就不及張汝霖或其他拔萃的先人了。張汝方可能是偏室所生，或是曾祖張文恭的表親所出——張岱對此並未細談。張岱寧可開門見山，直接就談起張汝方，以期其事蹟能流傳下去。「族祖汝方，長余大父數歲，讀書不成，去學手藝經紀，俱不成，貧薄無所事事。娶某氏，不能養，為富家漿澣縫紉，借以餬口。」[16]

根據張岱所述，某日早晨，張汝方坐在地上，抱著長子守正，發覺自己沒東西給孩子吃，張汝方流著淚對妻子說：「我與若一貧如洗，若再戀棧豆，填溝壑必矣。欲北上，經營終年，以無路費輒止。今至此！出亦死，不出亦死，與其不出而死，吾寧出而死也。我身無長物，見汝衣領尚有銀鈕二副，盍與我措置之。」婦人便把銀鈕剪下交給張汝方。張汝方急忙前往當鋪，得銀三錢。張汝方與妻子各取其半，說道：「汝以是為數日糧，彌十日，仍往富家餬口，吾以是為路費，明日行矣。」兩人泣別，依依不捨。

按照當時的算法，銀三錢夠張汝方的妻子買幾天的菜，但當然不夠他進京的盤纏，對阮囊羞澀的人而言，若欲北行，最好是出紹興，過錢塘江往北走，前往省城杭州。杭州既是人文薈萃、享樂流連之地，也是在上海發展之前東南一帶的商業中心。更重要的是，杭州是大運河南方的終點，而中國的米糧要靠大運河運輸，供應北方的駐軍，以及朝廷與各部百官的胃納。大運河船貨來來往往，常有粗活，好幾千人就靠這攢取微薄日薪，維持生計。張汝方決意一試，張岱說這位族祖「擔簦即行，渡錢塘，至北關門，買一綼搭，應糧船募為水夫，數月抵京」。[17]

對一個無親無故、學識有限，但又有大志的南方人而言，要在京城謀得差事並不容易。張汝方的辦法也很實際：投身報房抄《邸報》。[18]《邸報》是京師官報，記載朝廷各部的重大政策和文件，再透過驛站系統傳遞至各地官府。報房的薪資微薄——根據張岱所述，供餐，日薪僅幾個銅錢。這種貧苦生活張汝方過了二十年，居然還存了百兩之多。有這百兩銀子在手，張汝方可以體面還鄉，投資做點小買賣，或是買下可觀的田產——從晚明地契看來，一塊不算小的田地轉手價格從三到二十兩白銀不等。[19]但張岱表示，張汝方寧可利用這筆錢，在京城謀個小官，作為晉身之階，雖然在大多數人眼裡，張汝方此舉只不過是從一個死胡同轉到另一個死胡同而已。「辦事吏部，為王府科掾史。」吏部各司業務繁重，張岱說獨獨這王府科「為冷局，門可羅雀」。到王府科公幹的掾史，一個月不過數日，其餘時間則關起門來，各自忙碌他事。官府裡通常不見人影，獨留汝方一人無所事事，加上他又沒有家累，所以每日賦閒在王府科內，「又十餘年……為掾史長」。

但是，千載難逢的機會送上門來：「一日晝寢方寤，聞樑上群鼠白紙，蹕蹤聲甚厲。急起叱逐，有文書一卷墮地，拾起視之，乃楚王府報生公移也。瑞陽（汝方之號）藏之篋底。」

張汝方久居北京官場，雖說只是個小吏，但他這麼做並不悖於常情，也反映了他知道的事情——萬曆三十一年（一六〇三年）時，北京有很多人都知道楚王府內黑影幢幢。[20]楚王是朱元璋的直系後代，家世顯貴，封在鄂湘，以武昌城一帶為主。當時的楚王是不是封地的合法繼承人，或是如政敵所說的，是王府中的女眷設法從外頭把嬰兒帶進府內，謊稱楚王的薄弱血脈得以延續，這牽涉到複雜的財政、法律問題。整件事千頭萬緒、錯綜複雜，牽涉到楚府諸王與其附庸之間的恩怨。朝廷至少派了兩位重臣祕密調查，而皇帝也知道這樁密謀的來龍去脈。

多年前，先楚王有個侍從的父親就曾經舉報，說他曾送了數十萬兩白銀進楚王府，然後這筆錢就不知去向，遍尋不著，神宗也繼續讓繼任的楚王享有厚祿。年少的楚王納貢兩萬兩以謝皇恩，還重新粉刷幾年前在大火受損的紫禁城三大殿。楚王之後又送了幾份厚禮，但其中有些進了一些皇族成員的私囊。最後，楚王公開謀反已是箭在弦上，神宗於萬曆三十三年（一六〇五年）下旨進行調查。兩名皇族成員被斬首，四人賜死（被視為比斬首輕的刑罰），四十五人入獄。最後一波的整肅發生在萬曆三十三年五月，自此之後，沒人再敢談論楚藩之事。[21]

照張岱的說法——他可能是憑空杜撰，或是從親戚那裡聽來的——伯祖張汝方直覺以為自己遇到千載難逢的致富良機：「又一日，無事晝寢，有數人扣門急問之，則尋掾史查公案。瑞陽出見之，曰：『掾史焉往？』」汝方答：「我即是也。」來者說：「吾儕楚府校餘，為承襲國王事，至宗人府失去報生文書，特來貴司查取，乞掾史向文卷中用心一查。倘得原案，願以八千金為壽。」汝方回答說：「我向曾見過，不知落何所，第酬金少，不厭人意耳。」來者對曰：「果得原文，為加倍之。」張汝方遲疑了一會兒，聳了聳肩，微微搖搖頭，來者說：「如再嫌少，當滿二十千數。」張汝方心中暗自竊喜，左顧右盼，附耳說道：「莫高言，明蚤齋銀某處付爾原案。」來者謝去。次日，張汝方「攜案潛出付之，得銀二萬兩」。[22]

張岱把這件事記下，傳諸後代，無疑是要延續劉安人在隆慶初年對高祖的忠告，人應該要能知足，切莫沾沾自喜，引來他人妒嫉而樂極生悲。就如張岱所寫，這麼些年來，北京一直有人勸張汝方用積蓄捐個更高的官，但這筆錢張汝方想望已久，所以行事也更為謹慎。張汝方歎曰：「人若不知足，視吾婦領上鈿，相去幾何？將為田舍翁，苟得溫飽，足矣！足矣！」於是，張汝方戴上官帽，錦衣歸里。

張岱最後的筆觸有蒼涼之意：「孺人初生兒三十餘歲，已列青衿。為娶婦、生孫。父子相見，膜不相識，瑞陽為置田宅。家居二十餘年，裒然稱為富人。年踰八十，夫婦齊眉。」[23]

就如張岱最後的結論，張汝方起初一貧如洗，嗟來之食，還不足以餬口，但他一心想要致富，錦衣還鄉，照顧家人，而使他「赤手入都，堅忍三十餘年，於故紙堆中取二萬兩，易如反掌。昔日牛衣對泣，今乃富比陶朱。入之名利場中，謂非魁梧人傑也哉？乃其厚資入手，遂賦『歸來』，鴟祖橘俸，永京素封。霸越之後，不復相齊」。[24]張岱還不想就此擱筆，繼續寫道：「其曠懷達見，較之范少伯，又高出一等矣！」

張岱在此提到的范蠡與〈歸去來辭〉自是讀者所熟悉。張岱藉此巧妙揄揚了久歷窮困潦倒的張汝方，把握良機賣掉楚王府的報生文書——雖然這些文書並不屬張汝方所有——因而致富。范蠡多年來一直為越王效力，越國的都城就是後來的紹興。然而，范蠡目睹官場巨變，於是浮海揚帆離開越王，隱姓埋名，而開創人生又一春，成為史上有名的巨富，留給家族龐大財富。司馬遷對范蠡有過一番精闢評論，將之與其他富賈並列，稱之為「素封」。[25]

陶淵明的〈歸去來辭〉[26]成於西元四〇五年，大約是張汝方發橫財的一千兩百年前，傳達了中國人辭官、回歸恬淡居家生活的心聲。雖然，陶淵明並無飛來橫財的記載，前後做過八年的官，但他對讀書做官的種種好處無動於衷，決心回歸田園生活。陶淵明跟張汝方一樣，都說當個農夫就已心滿意足。陶淵明就像張汝方，也想再見到孩子；同時，陶淵明和張汝方都花二十年（陶淵明花了二十二年，從西元四〇五至四二七年）的工夫，才返歸魂牽夢縈的故里。

張岱所引陶淵明的詩句，他的族人應該是讀過的：

歸去來兮！
田園將蕪，
胡不歸？
既自以心爲形役，
奚惆悵而獨悲？
悟已往之不諫，
知來者之可追；

實迷途其未遠，
覺今是而昨非。
舟遙遙以輕颺，
風飄飄而吹衣。
問征夫以前路，
恨晨光之熹微。
乃瞻衡宇，
載欣載奔……[27]

在張岱的筆下，汝方還是個謎，既不誠實又忠貞，平時耐心觀望，一旦機會在手，也不怕賭。張岱把張汝方放在家族的邊緣，只是個名字，跟家族沒有什麼瓜葛，隨便哪個皇帝他都可以服侍。但張岱寫到生於萬曆六年（一五七八年）的三叔張炳芳時，寫他如何致富以及在北京的情形，更是小心把他的性格和習性與張家隔開來。[28]在張汝方與張炳芳這兩人眼中，北京極富吸引力；但在張炳芳的情形，成功來得比較快，也更和他的計畫有關，同時也跟政治腐敗更有關係。

據張岱所言，張炳芳少有「機穎」，而且還有個少有的特質：「與人交，輒洞肺腑，談言微中，無不傾心向之。」[29]或許正是這樣的性格，才使得張炳芳和少年張岱一同摸索蘭雪茶的妙方。在紹興，無論是仕紳之家或是在地官員，但有所請，張炳芳無不想辦法幫忙。譬如張炳芳自萬曆二十八年（一六〇〇年）之後二十年間，便幫了幾位當地仕紳建造府邸，不論造景或土木精工，「費且鉅萬，皆赤手立辦之，不為苦」。

天啟初年，張炳芳把關注焦點從仕紳之家轉到地方官員身上。當時律例規定，地方官員是由外省調任。張炳芳自願為之效力，而他通達民情，遍布人脈，用處極大，為官者「不咨詢，不敢理郡事」。

天啟七年（一六二七年），張炳芳一如伯祖張汝方在隆慶年間的作為，「不攜寸鋌走京師」。但張炳芳跟張汝方不同，他從一開始就走對門路，輕易打進權力核心，很快就獲致要職。張岱是這麼說的：「至京師，以一席言，取內閣祕書，如取諸寄。炳芳曾語岱曰：『恩留三相，費省七千。』蓋實錄也。」

據張岱形容，張炳芳相貌堂堂：「三叔鬚眉如戟，毛眼倒豎，未嘗正視人，而人亦不敢正視。」但這顯然並無礙於張炳芳優游官場：「三叔機警善應變，目所見輒終記不忘，凡臺省部寺，朝上疏，夕必伺於三叔之門，探問消息，車馬填擁，行者不得路。而夜歸見客，必四鼓。旨一出，有喜事，即以赫蹏走報，時人稱之『張喜雀』。間日入直則衙署稍閒；一出直，則蠅付蜂攢，撩撥不去矣。」

六十年前，曾祖文恭拒不向權傾一時的大學士張居正獻媚，以示他的耿介。但張炳芳對大學士周延儒卻無此忌諱。周延儒在崇禎三年（一六三〇年）至崇禎六年這段期間把持朝綱，一般認為，崇禎在天啟皇帝之後繼任，仍由一群貪官汙吏握有大權，頗讓改革之士失望，其中最為腐敗者就是周延儒。張炳芳似乎很快就成為這位權臣不可或缺的左右手，在亟欲爭取高升的各省要員之間扮演中人的角色。張炳芳在紹興，約天啟至崇禎初年間，曾是出身合肥、官運亨通的許芳谷的心腹幕僚，如今人在京城的張炳芳，打算和已出任巡撫的許芳谷再續前緣。

張岱向來著迷於官場的爾虞我詐與權力的冷酷無情，他對張炳芳令人歎為觀止的謀算，自然也要繪聲繪影一番，其間細節縱使不見得全然正確，不過事情之梗概應是八九不離十。根據張岱的描述，崇禎三年，時任廣東巡撫的許芳谷（譯按：史景遷原文作廣西巡撫，但其所引之書稱許芳谷爲「粵巡撫」），差人送白銀萬兩給周延儒大學士，並委請張炳芳充當中人。張炳芳點頭表示同意，但銀兩並未送至。許巡撫的差官個性卞急，遲遲等不到回音，便逕直親自向周大學士探詢。周延儒雖認為這差官太莽撞，還是回覆他銀兩未到。周延儒反問差官，是誰居間中介。差官回答：「張中書。」周延儒召見張炳芳，張炳芳即刻趕至。在一陣客套之後，周延儒問：「粵撫事果否？」張炳芳回說：「有之。」周延儒伸出大拇指，張炳芳重覆說：「有之。」「不至何也？」周延儒問道。張炳芳請周延儒稍待片刻，打發隨從出去，然後答覆說：「太師何言之遽耶？粵差官不慎密，廠衛詗之急，伺稍閒，中書擲原物毆之去耳。」周延儒猛點頭說：「甚善。」周延儒結束這段會晤，還說：「中書君愛我。」

張岱說張炳芳離開太師府之後，找來差官並責備他：「暮夜金而欲相公當堂承認，有是理乎？無回簡矣，我一書亟報若主。」差官星馳回粵，巡撫許芳谷以差官壞事為由，立即將他處斬。張岱進一步道：「後有行金者，委之即去，無復敢問。」[30]

張岱此處所言顯然並不正確，張炳芳在北京冒著極大風險。他到了崇禎年間，作風更是大膽，利用職權警告有遭彈劾之虞的官員，甚至收賄而羈留參劾官員的上疏。最後張炳芳玩火自焚，東窗事發。崇禎十一年（一六三八年），張岱的九叔張九山剛獲派任南京戶科，上疏彈劾巡漕史范瀆職。張炳芳重施故技，警告史范並羈留上疏。史范果然也餽以巨資，但沒想到的是張九山繼續上疏彈劾，措辭更為嚴厲，這回張炳芳也攔不下來。史范入獄，咬出張炳芳納賄，從此斷了張炳芳的仕途。經此風波，張岱這兩位叔叔勢如水火，一見面就互相叫罵。[31]

張炳芳從中謀取的好處究竟有多少，張岱並未言明，但是大官收個一、兩萬兩白銀，顯然不是新鮮事。這個數字對買賣、收藏古董的張家人——燕客、山民、張岱，其中又以張聯芳最出名——來說，也並不陌生。

張岱以「張喜雀」來形容張炳芳，意指他擅以言詞周旋於宮廷政治之間，不同於范蠡，並以誇張的口吻提到歷史上另一位名人：「三叔父其今之蔡澤乎？」「赤手入秦，立談間即取大位，又能於卿相之前，顛倒侮慢。」張岱所仰慕的司馬遷在一千七百年前就記載了中國第一個中央集權帝國的崛起，他為蔡澤寫了一篇長傳，以之為能言善道的例子，說明他如何靠著口才取得高位。張岱當然知道司馬遷對蔡澤和范雎的評價，「范雎、蔡澤世所謂一切辯士，然遊說諸侯至白首無所遇，非計策之拙，所為說力少也」。等到他們遇到真正有權勢之人，便能「垂功於天下……」。司馬遷又說：「然士亦有偶合，賢者多如此二子，不得盡意，豈可勝道哉！然二子不口，惡能激乎？」張岱藉著稱張炳芳為「賢者」，重重譏諷了時政，以及從中得到的教訓。[32]

張岱的父親張耀芳自魯王府去職後，於崇禎五年初返抵紹興，此地隨即遭逢旱災蹂躪，嚴重損害農作，有爆發饑荒之虞。對張岱與父親而言，生命開始顯露其常軌。我們可能會以為張岱又會忙著附會這凶險之兆。沒有能幹的官吏來處理饑荒，張岱說他就跟從村民的決定，祈求《水滸傳》中的人物相助。[33]《水滸傳》成於張岱出生之時，人物刻畫栩栩如生，情節精彩絕倫，而其書名帶水，村民期盼能讓當地神明結束旱災。一如忠臣無懼於魏忠賢的閹官走狗，《水滸傳》裡的人物也敢違抗朝廷的權威。一百零八條好漢嘯聚水澤邊（書名即由此而來），能令皇帝如有芒刺在背，也能替天行道。張岱跟當時許多人一樣，深受這類草莽英雄所吸引，並以不尋常的方式運用《水滸傳》中的人物。張岱以《水滸傳》中的主要人物寫了好些對子，也珍藏知交陳洪綬所畫的梁山泊好漢。張、陳二人都想捕捉這群草莽英雄身上那股變幻莫測的特質，而陳洪綬的畫技已是出神入化，張岱把他的成就與名畫師吳道子〈地獄變相〉相提並論。[34]

紹興一帶有好些村落受旱災所摧殘，農民競相乞雨，看誰最靈驗。四年之前曾有狂風大潮沖垮房舍，樹木連根拔起，紹興城裡也淹水。於是村民在崇禎五年（一六三二年）扮成海神潮鬼，常常吐唾沫，企盼天降甘霖。[35]紹興人則扮成《水滸傳》中人物，相信書名是個吉兆。張岱說他為了鼓勵同鄉盡心打扮，不僅以詩畫勾勒書中要角，還要友人、僕侍分頭四出，到紹興和鄰近村子、山僻，尋求與小說相合的人物。張岱說他無從找到肖似之人，沒有面如黑炭、沒有虬髯美鬚，沒有兜鍪帶飾、刀杖如樹，也無姿態神韻，頂多只得形似而已。[36]所以張岱花了幾週的心力，還花了不少錢，才覓得三十六人而已，給他們盤資前來紹興城，扮演小說中的李逵、林冲、武松、孫二娘。這三十六人走在往紹興的路上，圍觀的人愈聚愈多，好似要讓這群假扮的綠林好漢也走上美男子衛玠為眾人所殺的命運。

張岱說他的族人也投入乞神的活動。五叔才從廣陵辭官歸來，在當地購得一批法錦宮緞，讓張岱裝飾表演用的八座臺閣；其中六座祭祀雷神、一座祭祀大士、一座祭祀龍王。旗幟立於臺閣之旁或之前，上頭寫著：「及時雨」、「奉旨招安」、「風調雨順」、「盜息民安」。[37]雖然規模並不大，但已令觀者嘖嘖稱奇。不過張岱的叔公對整件事表示懷疑，直言問道《水滸傳》的綠林好漢究竟與乞雨有何相干？張岱說三十六天罡、七十二地煞，合起來恰好就是梁山泊一百零八條好漢。[38]

崇禎六年（一六三三年）初，張岱父親張耀芳去世。十二月間，張岱表示，父親的身體仍然健康，卻突然說二十七日他將「去」。三日前即遍邀諸親友到府，一一辭別，張耀芳果然在二十七日午時逝世。張岱從未表示父親在辭世前，是否有機會在紹興向假扮的水滸好漢致禮。這對父子所見並非總是契合，但兩人對怪力亂神都有所偏好，進而為文傳達其蘊含的魅惑和意義。如今，隨著父、祖俱逝，張岱面對迎面而來的種種過往，總得賦予某種秩序。

註釋

1 **天啟皇帝與魏忠賢**　《劍橋中國史》，第七冊，上卷，第十章；達狄斯，《血與史》，對晚明宮廷政治的細膩分析。

2 **古今義烈傳**　張岱為《古今義烈傳》所寫序文全文，見胡益民，《張岱評傳》，頁八十五至八十七。胡益民提到這本書有兩個抄本，一是崇禎元年版，一是稍晚的版本，這兩個版本都有祁彪佳作的序。

3 **歷史之激昂**　出自張岱的序文，轉引自胡益民，《張岱評傳》，頁八十六。

4 **歷史與自發行為**　張岱的「範例」，轉引自胡益民，《張岱評傳》，頁六十二。

5 **馬與狗**　張岱的「範例」，見胡益民，《張岱評傳》，頁六十三，扼要討論。遺憾的是，國會圖書館收藏的版本，受損嚴重，這幾頁難以辨識。

6 **冰山**　魏忠賢的傳記，見《清代名人傳略》，頁八四六至八四七。這齣戲的表演，見張岱，《陶庵夢憶》，卷七，篇十七；Brigitte Teboul-Wang法譯，《陶庵夢憶》，#110，頁一四二。

7 **楊漣**　達狄斯，《血與史》，第三章〈政治謀殺〉。楊漣的傳記，見《清代名人傳略》，頁八九二至八九三。另可參考《明人傳記辭典》，頁二三七、七〇七、一五九六。

8 **顏佩韋**　張岱，《陶庵夢憶》，卷七，篇十七；Brigitte Teboul-Wang法譯，《陶庵夢憶》，#110，頁一四二。城裡的喧鬧，見史景遷和魏而思（John E. Wills, Jr.），《從明到清：十七世紀中國的征服、區域和延續》(*From Ming to Ch'ing: Conquest, Region and Continuity in Seventeenth-Century China*)，頁二九三至二九五、三一六。

9 **山東演戲** 張岱，《陶庵夢憶》，卷七，篇十七；Brigitte Teboul-Wang法譯，《陶庵夢憶》，# 110，頁一四二。這齣戲的劇本已佚失；祁彪佳把《冰山》列入他品評的晚明戲劇，但並未把張岱列為作者。見祁彪佳，《遠山堂明曲品劇品》，頁八十七。

10 **沐氏與雲南** 張岱著，夏咸淳點校，《張岱詩文集》，頁二四五；《明史》，卷二八三，頁三一九四。有關曾祖的白髮，見張岱著，夏咸淳點校，《張岱詩文集》，頁二四八；《石匱書》，卷二〇一，頁四十一b至四十五，重印本，頁八十一至八十三。

11 **羅康洲** 隆慶二年狀元，見《明人傳記辭典》，頁七三九，及張岱著，夏咸淳點校，《張岱詩文集》，頁二四八。張居正與文恭的關係，見張岱著，夏咸淳點校，《張岱詩文集》，頁二四九；這段敘述，亦可見《石匱書》，卷二〇一，頁四十四，重印本，頁八十二。張岱對文恭的評註，見《石匱書》，卷二〇一，頁四十四b至四十五a，重印本，頁八十二至八十三。

12 **祖父不識時務** 張岱著，夏咸淳點校，《張岱詩文集》，頁二五一。有關縣令毛壽南，見《紹興府志》，二十七／二十八b，及其傳記，四十三／十七。

13 **汝霖當縣令** 《清江縣志》，卷五，頁四十九b，重印本，頁六六八。祖父的任期從萬曆二十六年至萬曆三十二年。《紹興府志》，四十三／十七。

14 **父親退賊** 張岱著，夏咸淳點校，《張岱詩文集》，頁二五六。這段期間當地的騷亂，見魏斐德，《洪業》，頁四二九至四三一。

15 **父親在魯** 張岱著，夏咸淳點校，《張岱詩文集》，頁二五七，父親斷案嘉祥，以及前揭書，頁二五六至二五七，記趙二儀和家人虧欠庫銀。

16 **族祖汝方** 張岱著，夏咸淳點校，《張岱詩文集》，頁二六八。

17 **汝方乘船之行** 見張岱著，夏咸淳點校，《張岱詩文集》，頁二六八。

18 **邸報** 晚明清初之時，《邸報》廣泛流通，張岱便定期閱讀《邸報》。十八世紀初的《邸報》，見史景遷，《雍正王朝之大義覺迷》(*Treason by the Book*)，全書。梅嘉樂（Barbara Mittler），《中國的報紙》(*A Newspaper for China*)，頁一七三至二〇七，介紹《邸報》的歷史沿革。

19 **明代契約** 見《田稅、田契》(*Tian Collection, Contracts*)，特別見卷三，五八七至八〇九條。

20 **楚府政治** 見《明人傳記辭典》，頁七六八至七七〇；《明史》，卷一一六，重印本，頁一四九九；汝方在京城，張岱著，夏咸淳點校，《張岱詩文集》，頁二六九。

21 **楚府一案** 見《明史》，卷一一六，重印本，頁一四九八至一四九九，及《明實錄》（萬曆朝），卷三八三、三八五、三八七。涉案官員，見《明人傳記辭典》，頁七六八至七七〇、頁一一七九至一一八二。

22 **汝方盤算** 汝方的傳記，詳見張岱著，夏咸淳點校，《張岱詩文集》，頁二六八至二七〇。

23 **汝方返家** 張岱著，夏咸淳點校，《張岱詩文集》，頁二七〇。

24 **素封** 司馬遷著，華玆生譯，《史記》，漢朝，卷二，頁四三七；張岱著，夏咸淳點校，《張岱詩文集》，頁二七〇，張岱的評論。

25 **汝方的成功** 張岱著，夏咸淳點校，《張岱詩文集》，頁二七〇。司馬遷著，華玆生譯，《史記》，漢朝，卷二，頁四三三。陶朱公即是范蠡。

26 **陶潛的詩** 譯文見海陶瑋（James Hightower），《陶潛的詩》（*The Poetry of T'ao Ch'ien*），頁二六八至二六九。原文見《陶淵明集》，台北：二〇〇二年，頁三二八至三三七。

27 **陶潛的詩** 譯文援引自海陶瑋，頁二六九，稍作更動。

28 **三叔張炳芳** 張岱著，夏咸淳點校，《張岱詩文集》，頁二六二。

29 **三叔的性格** 張岱著，夏咸淳點校，《張岱詩文集》，頁二六四。

30 **許芳谷案** 張岱著，夏咸淳點校，《張岱詩文集》，頁二六三。

31 **三叔垮臺** 過程細節，見張岱著，夏咸淳點校，《張岱詩文集》，頁二六三至二六四，以及《明史》，卷二五三，重印本，頁二八六九，探討史蓳的下場。九叔張九山的簡歷，見《明史》，卷二九一，重印本，頁三二七二，以及《紹興府志》，三十一／五十三，重印本，頁七三二。

32 **三叔如今之蔡澤** 張岱著，夏咸淳點校，《張岱詩文集》，頁二六四。有關蔡澤，見司馬遷著，華茲生譯，《史記》，秦卷，頁一五七，范雎與蔡澤合傳。

33 **水滸傳**　見張岱著，夏咸淳點校，《張岱詩文集》，頁三三三至三四五；張岱對陳洪綬的推崇，張岱，《陶庵夢憶》，卷六，篇七；Brigitte Teboul-Wang法譯，《陶庵夢憶》，# 84，頁一一六至一一七。陳洪綬的系列畫作，見翁萬戈，《陳洪綬》，下卷，頁六十二至七十一。施耐庵著，沙博理（Sidney Shapiro）譯，《水滸傳》(*Outlaws of the Marsh*)。卡發拉斯（二〇〇七年），頁六十六至六十八、頁二〇七至二一二。

34 **吳道子的畫**　張岱，《陶庵夢憶》，卷六，篇七；Brigitte Teboul-Wang法譯，《陶庵夢憶》，# 84，頁一一六至一一七。

35 **壬申大旱**　張岱，《陶庵夢憶》，卷七，篇四；Brigitte Teboul-Wang法譯，《陶庵夢憶》，# 97，頁一三〇至一三一。記海潮和海洋，《紹興府志》，八十／二十七b，重印本，頁九六四。萬曆二十六、二十七年大旱、饑荒，見《紹興府志》，八十／二十六，重印本，頁九六三。

36 **相貌相似**　張岱，《陶庵夢憶》，卷七，篇四；Brigitte Teboul-Wang法譯，《陶庵夢憶》，# 97，頁一三〇至一三一；夏咸淳編，《陶庵夢憶》，頁一一三。譯文亦可參考卡發拉斯（一九九五年），頁一二一至一二二。

37 **格言**　張岱，《陶庵夢憶》，卷七，篇四；Brigitte Teboul-Wang法譯，《陶庵夢憶》，# 97，頁

一三一。

38 **張岱的分析** 張岱，《陶庵夢憶》，卷七，篇四；夏咸淳編，《陶庵夢憶》，頁一一三，註十一至十二。其餘的大旱（天啟五年）、水災（崇禎二、三年）、地震（崇禎八、九年），見《紹興府志》，重印本，頁九六三至九六五。

第六章

王朝傾頹亂象生

像張汝方和張炳芳各司其職，也是當時環境評判他們的標準，那麼張岱呢？張岱後來以第三人稱的形式分析自己，從他嘲諷的語氣可知：實在乏善可陳。張岱寫道：「學書不成，學劍不成，崇節義不成，學文章不成，學仙學佛，學農學圃，俱不成。任世人呼之為敗子，為廢物，為頑民，為鈍秀才，為瞌睡漢，為死老魅也已矣。」[1]張岱說，要怎麼解釋，悉聽尊便，因為他知道自己的個性充滿矛盾，而他自己也沒這個本事或資質駑鈍來參透：「稱之以富貴人可，稱之以貧賤人亦可；稱之以智慧人可，稱之以愚蠢人亦可；稱之以強項人可，稱之以柔弱人亦可；稱之以卞急人可，稱之以懶散人亦可。」[2]

張岱列表數落自己種種失敗之處，但若論到寫作，他的說法也不可盡信。張岱在萬曆年間著手撰寫《古今義烈傳》之後，似乎自得於同時著手好幾個寫作計畫。崇禎元年之後，張岱廣蒐史料，以大明開國以來十五朝寫了史稿。他還想為夜航船的乘客，構思一套架構，規整古來累積的基本知識。他還以少年時讀《四書》的理解，自成一家注疏，幫助學子掌握《四書》的豐富義理——張岱和祖父張汝霖都藐視科舉考試納為正統的注疏，認為它欠缺想像力，而張岱顯然也心知他的注疏會很有個人色彩。張岱還探索另一種歷史書寫的想法，他相信這能讓我們對歷史知識有更深的理解。這正是《史闕》書名的用意所在，以期勝過現存的記載，創造更深刻、更發人深省的歷史水平。[3]

張岱由廣入手，來架構他的討論。今昔史家所遇到的問題大同小異。若是碰到棘手的事件，史家便乾脆將之一筆抹煞；闕疑愈多，就愈容易更增闕疑。但就如孔子所言：「其義則丘竊取之矣。」對張岱而言，這說明了「書之義也，不書義也，不書而又書之，亦義也」。從天象也可得到印證：「不書者，月之闕也；不書而書者，月之食也。月食而闕，其魄未始闕也，從魄而求之，則其全月見矣。」

張岱以玄武門之變來細說他的看法。公元六二六年，有志謀取大位的李世民公然斬殺儲君，拘禁父皇，任由心腹在玄武門殺死其餘兄弟。李世民登基之後，是為唐太宗，諭令史官「直書玄武門事」。[4]史官下筆自然得字斟句酌，但對張岱而言，這就形同月食而不匿：「食而匿，則更之道不存；食而不匿，則更之道存。不匿，則人得而指之，指則鼓，鼓則馳，馳則走，走者救也，救者更也。」因此，唐太宗的作法值得稱許。

別的史闕就比較容易處理，張岱以「頰影」來比喻——在燭光之下勾勒輪廓，倒不一定要畫出眼、眉的細節，但有時就需要填補細節。就如張岱所言：「余于是恨史之不賅也，為之上下古今，搜集異書，每於正史世紀之外，拾遺補闕。得一語焉，則全傳為之生動；得一事焉，則全史為之活現。」

張岱又舉兩個唐太宗的例子，來解釋補闕的過程，一例說明如何推衍，一例則說明如何凝練。第一個例子取自野史，唐太宗遍尋王羲之的書法。正史對此事的記載審慎隱諱，但野史則加油添醋，以強調唐太宗取蘭亭手段之刁詐、貪婪、狡黠。第二個例子則說明魏徵左右唐太宗的能力，正史中有關魏徵直言敢諫的例證不勝枚舉，但是「鷂死懷中」這四字便可說明唐太宗的膽怯與不端：唐太宗在玩賞鷂子時，魏徵突然出現，太宗大驚，把鷂子壓藏在胸口，不慎把鷂子悶死。張岱寫道：「蓋傳神正在阿堵耳。」以此例來說，「則是千百言闕，而四字不闕也」。[5]善讀史之人寧可得此四字補闕，而不願讀那處處闕漏的數千言。

張岱在《古今義烈傳》提出「憤激」的概念，以掌握當下的慷慨激昂，這與「闕疑」能有所關聯嗎？雖然「憤激」有一部分出於歷史人物的道德立場，而「闕疑」則保持道德的中立，但兩者不見得不能相容。張岱在衡量哪個族人值得為之立傳時，還是捨迂迴偏差而取行事極端，以凸顯時局之錯亂。張岱在評註《論語》時，稱許孔子能看清大智與無情之間的細微分別。如今，張岱則把焦點從值得讚揚之人轉到可與交往之人身上。張岱是這麼說的：「人無癖不可與交，以其無深情也；人無疵不可與交，以其無真氣也。」[6]

至於自家族人，張岱認為，「（人）有瑜有瑕。言其瑜，則未必傳；言其瑕，則的的乎其可傳也」。張岱引了十四世紀初的文人解大紳，來支持他的想法：「『寧為有瑕玉，勿作無瑕石。』然則瑕也者，正其所以為玉也。吾敢掩其瑕，以失其之玉乎哉？」[7]當張岱把這些想法與族人立傳相連時，不禁感歎「其一往情深，小則成疵，大則成癖」。[8]這種人「皆無意立於傳，而其之負癖若此，蓋不得不傳之者矣」。[9]

季叔張燁芳[10]一生任性而為，就屬這種人。照張岱所述，張燁芳生來桀驁不馴，不喜讀書，而時常「招集里中俠邪，相與彈箏蹴踘，陸博蒱摴，傅粉登場，鬭雞走馬，食客五六十人。常蒸一豭饗客，啖者立盡，據牀而嘻」。而這種行徑若是玩過火，無意間可能會成了某種虐待，張岱說張燁芳嗜吃橘，每當橘子成熟時，便把橘子堆得滿牀滿案，無一處無橘。張燁芳自己一個人把橘子吃掉，從不送人。他會突然命僮侍圍在身邊，為他剝橘子皮。到了冬天，僮侍「手龜皸，瘃黃入膚者數層」。

張燁芳處世有欠思慮，「（季叔）更喜豢駿馬，以三百金易一馬，曰大青。客竊往躧柳，與他馬爭道，泥濘奔蹶，四蹄迸裂而死。叔知即命帷蓋葬之，恐傷客意，置不問」。

張燁芳的魯莽慷慨常讓他捲入欺騙、復仇之中。張岱說季叔鄰居有一「惡少年」，自稱「主公」，一直要他加入他們，但他總是拒絕，因為他不是那種屈於他人之下的人。結果，有一個姓王的人「素崛強，又狎其弄兒」。張燁芳聽到此事，欲置王某於死地。王某逃奔過江，在江邊客棧住下。這間客棧正巧「有猙獰壯士數十人」，手持巡撫令牌。張燁芳尾隨王某而至，告訴巡撫手下，王某乃是越獄的江洋大盜，於是「椎棒交下，立斃之，遽去」。

至於科舉考試，張燁芳似乎一心只想證明他能做他想做的事。他顯然無意參加科考，也不想過個安穩的生活。他寧可「挾一編走天下，海內諸名士，無不傾倒」。於是，張燁芳在鄉間結廬，又築室於城內，穿梭於諸「俠邪」與「四方名宿亦多入山訪問之」這兩個截然不同的世界。從張岱所說的季叔之死來看，他是個隨性耽溺之人。萬曆四十三年（一六一五年）某日，張燁芳偕二友冒雨啟程，結伴入山，遊歷名山勝景。河水湧漲，他卻赤身渡冷谿，任水柱衝激頭頂，結果腳踝腫了起來。九月，張燁芳終於服藥，病情略有起色。大夫告訴他：「『藥中有大毒，日食一分，藥一囊，以百日盡。』季叔曰：『誰能耐此？』罄囊中藥，一夕啖盡，毒發，遂死。」

讓張岱為季叔作傳的原因在於他為人狂放不羈，以致麻木不仁、暴虐成性，也毀了他自己。但是他過人的能力也使他能探索當地文人的世界，優游其中。張燁芳出殯之日，當地最好的文人紛紛到府弔唁，作詩致意。張岱在傳略之後以千里馬為譬，試圖勾勒張燁芳的性情：「語云：千里馬善蹄齧人。蓋不蹄不齧，不成其為千里馬也。見爾蘊（季叔之字）

叔於髫時，其蹄蠶特甚。而二十而後，見鞭影而馳，遂能瞬息千里，豈馬之善變哉？蓋能蹄能蠶，而又能千里，始成其為千里馬也，季叔好俠邪，則俠邪至；好名宿，則名宿至。一念轉移，而交污迭換。不知其人，則視其友。余於季叔見之矣。」

張燁芳死時，張岱年僅十八歲，在他心中留下對戲如人生、人生如戲的感懷。張燁芳曾為自家戲班寫過一幅對聯，掛在戲臺兩旁。張岱抄錄如下：

對子一：

果證幽明，看善善惡惡隨形答響，到底來那個能逃？
道通晝夜，任生生死死換姓移名，下場去此人還在。

對子二：

裝神扮鬼，愚蠢的心下驚慌，怕當眞也是如此。
成佛作祖，聰明人眼底忽略，臨了時還待怎生？[11]

張岱歎道：「真是以戲說法。」

張岱筆下行徑最狂放的人當屬堂弟燕客。[12]在其他人身上，看不到生命的迴異面向以如此複雜衝突的方式匯流在一起。張岱細說燕客共有三次，其他的張家人都沒有此等待遇。在張岱同輩兄弟、表親之中，燕客大概是最有錢的，他是收藏名家張聯芳正室的獨子。他與張岱尤其親近，因為燕客的母親是張岱好友祁彪佳的姻親。張聯芳的鑑賞能力受朱家族人所薰陶，而張岱跟朱家人也很熟。張岱在為族人寫傳略時，沒有像寫燕客時下筆如此突兀緻密：「弟萼，初字介之，又字燕客。海內知為張葆生先生者，其父也。母王夫人，止生一子，溺愛之，養成一譟暴鼇拗之性。性之所之，師莫能諭，父莫能解，虎狼莫能阻，刀斧莫能劫，鬼神莫能驚，雷霆莫能撼。年六歲，飲旨酒而甘，偷飲數升，醉死甕下，以水浸之，至次日始甦。」

開場讀來雖予人不祥之感，但燕客顯然聰穎過人：「七歲入小學，書過口即能成誦。長而穎敏異常人，涉覽書史，一目輒能記憶。」但燕客的心性並不容易羈束，甚至比季叔還更精於逸樂之道。「故凡詩詞歌賦、書畫琴棋、笙簫絃管、蹴踘彈棊、博陸鬪牌、使鎗弄棍、射箭走馬、撾鼓唱曲、傅粉登場、說書諧謔、撥阮投壺，一切遊戲撮弄之事，匠意為之，無不工巧入神。」就連合采牌這類小技，燕客也十分精通，還能依自己的喜好加以改製。

燕客的父親常年在外，或是為了充實傲人的收藏，或是在京城和各省官府之間奔波。

不時會給燕客大筆錢財、土地和藝品，燕客轉眼加以變現花掉。燕客的錢財和生活形態吸引了許多食客，幫他逃脫失手施暴、甚至謀殺的罪嫌。「以是門多狎客弄臣，幫閑蔑騙，少不當意，輒訶叱隨之，昔者所進，今日不知其亡也。」燕客對待妻妾、隨侍、女僕、男廝，也是動輒飽以拳腳，脾氣陰晴不定。有一回，他以數百兩買一女子為妾，過了一夜就把她趕走，只因她不合自己的口味。「只以眼前不復見為快，不擇人，不論價，雖則與門客，賜與從人，亦不之惜也。臧獲有觸其怒者，輒鞭之數百，血肉淋漓，未嘗心動。時人比之李匡達之肉鼓吹焉。」（李匡達是古時之人，吹噓他的鼓是用敵人的肉所製成。）

張岱提到，燕客自從妻子商氏[13]死後，性情更如脫韁野馬。「嘗以非形毆其出婢，其夫服毒以死殢之，其族人舁屍排闥入，埋尸於廳事之方中，不之動。觀者數千人，見其婢皮開肉爛，喊聲雷動，幾燬其廬，亦不之動。」燕客的岳父商等軒找了張岱好友祁彪佳充當調人，「舉國洶洶，幾成民變矣。然猶躁暴如昨，卒不之改。有犯之者必訟，訟必求勝，雖延一二年不倦，費數千金不吝也」。

燕客耗費巨資打造林園，面不改色。張岱在這方面很有經驗，深知並非所有的林園都似龍山的快園，有那般情致的風華。張岱也知道並非所有的園藝家都像好友金乳生，把一生心血投注在方寸沃土之間，有小溪假山，巧妙隱身竹籬東牆之後。寸寸皆無荒蕪，一年四季，各有花卉盛開。但金乳生為夢想付出的代價就是日夜劬勞。張岱如此形容這位老友：「乳生弱質多病，早起不盥不櫛，蒲伏堦下，捕菊虎，芟地蠶，花根葉底，雖千百本，一日必一週之。癃頭者火蟻，瘠枝者黑蚰，傷根者蚯蚓、蜒蝣，賊葉者象幹、毛蝟。」金乳生唯一的辦法就是全面開戰，寸土不讓。「火蟻，以鮝骨、鼈甲置旁引出棄之；黑蚰，以麻裹筋頭捋出之；蜒蝣，以夜靜持燈滅殺之；蚯蚓，以石灰水灌河水解之；毛蝟，以馬糞水殺之；象幹蟲，磨鐵線穴搜之。事必親歷，雖冰龜其手，日焦其額，不顧也。」[14]

不過，燕客的癡迷，其程度不可以常理度量的。張岱記得，燕客在崇禎四年（一六三一年）決定移動宅邸之西的奇石，於是召集數百工人，沿石挖掘洗刷清潔，磨出石壁數丈，巉峭可喜。剛好有人提及，石壁之下應有深潭映照，才顯得妙趣橫生；於是燕客就在石壁下開掘方池數畝。由於奇石太硬，無法用鐵橇鍤穿，燕客便僱石匠開鑿，深至丈餘，蓄水色澤澄靛。又有人說亭、池雖美，但可惜周遭花木不夠高大。「燕客則遍尋古梅、果子松、滇茶，梨花等樹，必選極高極大者，拆其牆垣，以數十人舁至種之。種不得活，數日枯槁，則又尋大樹補之，始極蓊鬱可愛，數日之後，僅堪供爨。古人伐桂為薪，則又過其值數倍矣。」[15]

但燕客又有新的煩惱，石壁新開光潔，沒有苔蘚。燕客便買了許多石青石綠，召門客中善畫者用筆擦過，然而「雨過湮沒，則又皴之如前」。

張岱細思燕客的浪費，在其他的傳略也探討這個主題。以此例而言，燕客對園林的躁急或許可從藝術的脈絡觀之。張岱對燕客栽植花木的方法有其看法：「種樹不得大，移大樹種之，移種而死，又尋大樹補之。種不死不已，死亦種不已，以故樹不得不死，然亦不得即死。」[16]燕客對待其他稀世珍品顯然也是如此。「偶見一物，適當其意，則百計購之。不惜濫錢。在武林，見有金魚數頭，以三十金易之，畜之小盎，途中泛白，則撈棄之，過江不剩一尾，歡笑自若。」[17]

燕客也鍾情古玩，張岱注意到，古玩若有絲毫瑕疵或汙痕，燕客必修補之。燕客曾花五十兩買一座宣銅爐，但因色澤不甚光亮，便將宣銅爐置於火焰中，以澤其色。「燕客用炭一簍，以猛火扇熘之，頃刻鎔化，失聲曰『呀！』」

還有別的事情，說的也是同一回事。燕客以三十兩白銀，在當地廟宇購得一方稀世硯臺。硯臺造形別致，紋理似峰巒奇峭，其間又有白斑點綴，於是名之曰：「青山白雲」。張岱說道：「石黝潤如著油，真數百年物也。燕客左右審視謂山腳塊磊，尚欠透瘦，以大釘搜剔之，砉然兩解。燕客恚怒，操鐵鍾連紫檀座搥碎若粉，棄於西湖，囑侍童勿向人說。」

這種人生當然視世間規矩如無物，一切因果一筆抹滅。這是張岱的方式，來說明癡迷一旦失卻功能，則淪為愚行，傷珍品，也有害於孕育珍品的大千世界。張岱說他這個堂弟之所以取名「燕客」，是因為讀了小說「姚崇夢遊地獄」。姚崇夢遊地獄，見數千惡鬼為其主人燕公以大爐鑄瀉堆積如山的金子。姚崇在夢中還看到另一個爐竈，冷冷清清，只一二疲鬼奄奄無息，為燕公看守備用的儲存。姚崇醒來說道：「燕公豪奢，殆天縱也！」張岱的堂弟喜歡這個故事，為自命號「燕客」以致意。[18]

那麼，要把這樣的人歸在哪一類呢？有人把燕客比作梁朝官吏魚弘，此人以揮霍錢財，有妻妾數百，並虐待人畜而留名。不過，張岱認為這並不正確。燕客或許有先輩之嗜癖，但缺少耐性——他費心求得之物，霎時即毀之，以是「翻山倒水無虛日」。為了這個理由，張岱私人稱他為「窮極秦始皇」。[19]

燕客不過是奢靡而已，卻起了這麼個諢號，但燕客也不光是奢靡而已。他慧黠過人，深受紹興文人所看重，其中也包括以祁彪佳為主的一票文人。張岱給堂弟起了這個諢號，不難看出他對邦國命運的看法。今上崇禎庸碌，遠非百姓殷殷期盼的聖君。朝綱病入膏肓，關內流寇麇起、謀叛連連，關外滿人沿遼河集結，虎視眈眈。同時疫癘頻仍，亟須大夫行醫，隱喻與診治相互呼應，無從區分。祁彪佳進士及第，官場一帆風順，這時也出資施藥，救濟病人。崇禎十年（一六三七年），張岱寫了一首詩，稱讚祁彪佳的慷慨義行，隱含各個層面都已腐朽之意：

昨歲殘冬天不閉，霹靂一聲走群厲。
夏來疫氣塡村市，亦效市人欺貧子。
燈昏室暗飛蟣蠓，闔家僵臥呼天公。
日無薪水夜無簣，夢想不到求藥石。
宰官道念切恫瘝，百草輦來聚若山。
藥王亂掣天醫簿，岐伯不至雷公怒。
上池取水供洗滌，肘後一方陳琳檄。
刀圭用處厲鬼怖，二豎敢向膏肓住？
醫者聞名藥聞氣，殘喘皆能起牀第。
須臾全活幾千人，仁人見之皆效顰。
因思世界盡如此，死兵死賦均死耳。
遼東一破如潰癰，強蟊流毒勢更凶。
民間敲剝成瘡痍，神氣太洩元氣疲。
敢借宰官醫國手，天下精神盡抖擻。[20]

戰爭把這些現象帶到南方家鄉：張岱說他親眼目睹北方流民餓死，曝屍杭州街頭，堆積如山，等待火化。季叔張燁芳和燕客那執迷而有毀滅性的世界，開始與王朝的諸般問題交織在一起。[21]

南京鐘山是明太祖陵寢，紫氣亦遭蒙塵。太祖陵寢雖依堪輿之術商定，且左有孫權墓，下有梁誌公和尚塔翼護，還是在動盪時局中失去光彩。崇禎十一年（一六三八年），張岱訪南京，在長江邊上的寺廟落腳。某晚，張岱起身，見烏雲浮浮冉冉於皇陵之上百日，遮蔽星塵——張岱相信，王朝敗象已露，此後將會流賊四起。四年之後，崇禎十五年，無能廷臣下令重拾皇陵光華，竟以駭人聽聞的拙劣方法為之（這不啻是燕客荒唐行徑的翻版）。官吏將古木劈開焚燒，挖掘深達三尺的土坑，把陵寢毓秀之氣破壞殆盡。張岱在這年夏天獲准入寢殿觀看祭祠皇陵禮，感到十分錯愕，祭禮如此草率，禮器如此簡陋。好像這還不夠表達輕慢之意似的，七月酷暑，祭祠用的牛羊牲禮置於饗殿上，任其「臭腐不堪聞」。人不必擁有特殊的占卜神力，也能解讀其中蘊含的預兆。[22]

註釋

1 **張岱自述失敗之處**　援引自他自寫的墓誌銘。張岱著，夏咸淳點校，《張岱詩文集》，頁二九五至二九六；譯文亦見卡發拉斯，〈關鍵之事〉(Weighty Matters)，頁六十五。

2 **矛盾個性**　張岱著，夏咸淳點校，《張岱詩文集》，頁二九五；卡發拉斯，〈關鍵之事〉，頁六十四。

3 **史闕**　張岱為《史闕》所寫的序文，亦見張岱著，夏咸淳點校，《張岱詩文集》，頁一〇三至一〇四。張岱在其《張岱詩文集》收錄的家傳裡，又借用月蝕的隱喻。

4 **玄武門**　張岱，《史闕》，序文，見張岱著，夏咸淳點校，《張岱詩文集》，頁一〇三。有關唐朝這著名的事件，可參考韓森（Valerie Hansen），《開放的帝國：一六〇〇年前的中國歷史》（*The Open Empire: A History of China to 1600*），頁一九六至一九七的簡介。

5 **四字不闕**　張岱，《史闕》，頁八十八至八十九。

6 **癖與疵**　張岱，《陶庵夢憶》，卷四，篇十四；Brigitte Teboul-Wang法譯，《陶庵夢憶》，#60，頁八十六。筆者把「癖」譯為"cravings"或"obsessions"，「疵」譯為"flaws"。張岱對孔子《論語》的研究，見他的《四書遇》。

7 **瑕**　見張岱著，夏咸淳點校，《張岱詩文集》，頁二五九，〈附傳〉之引文。解縉（字大紳），見《明人傳記辭典》，頁五五四至五五八。

8 **癖** 見張岱著，夏咸淳點校，《張岱詩文集》，頁二六八，〈五異人傳〉之引文。

9 **立傳的適當性** 見張岱著，夏咸淳點校，《張岱詩文集》，頁二五九。

10 **季叔** 此處援引之資料，見張岱著，夏咸淳點校，《張岱詩文集》，頁二六四至二六七。

11 **季叔的對子** 張岱，《陶庵夢憶》，卷六，篇二；Brigitte Teboul-Wang法譯，《陶庵夢憶》，#79，頁一一〇至一一一。

12 **燕客的傳** 張岱著，夏咸淳點校，《張岱詩文集》，頁二七七至二八〇。燕客卒於順治三年。其餘解釋，見《張岱詩文集》，頁二六一，反覆修葺林園的故事，見張岱，《陶庵夢憶》，卷八，篇十二；Brigitte Teboul-Wang法譯，《陶庵夢憶》，#122，頁一五五至一五七。張岱在其《快園道古》書中多處提到燕客。

13 **商夫人** 原文稱燕客的元配為王夫人，這可能是商夫人的誤植，因為燕客的岳父名商等軒。

14 **園主金乳生** 金乳生、蟲名、花名，見張岱，《陶庵夢憶》，卷一，篇四；Brigitte Teboul-Wang法譯，《陶庵夢憶》，#4，頁二十三至二十四。卡發拉斯（二〇〇七年），頁七十六至七十七。

15 **醉心林園** 燕客的傳，見張岱著，夏咸淳點校，《張岱詩文集》，頁二七七至二八〇，以及張岱，《陶庵夢憶》，卷八，篇十二；Brigitte Teboul-Wang法譯，《陶庵夢憶》，#122，頁一五六。

16 **燕客的樹** 轉引自張岱，《陶庵夢憶》，卷八，篇十二；Brigitte Teboul-Wang法譯，《陶庵夢憶》，#122，頁一五六。

17 **金魚**　這個及隨後的例子，轉引自張岱著，夏咸淳點校，《張岱詩文集》，頁二七七至二八〇。

18 **自號燕客**　見張岱，《陶庵夢憶》，卷八，篇十二；Brigitte Teboul-Wang法譯，《陶庵夢憶》，#122，頁一五七。以及夏咸淳編，《陶庵夢憶》，卷八，篇十二的註。

19 **燕客敗家**　有關魚宏，見張岱著，夏咸淳點校，《張岱詩文集》，頁二七九；張岱，《陶庵夢憶》，卷八，篇十二；Brigitte Teboul-Wang法譯，《陶庵夢憶》，#122，頁一五七。以及夏咸淳編，《陶庵夢憶》，頁一三八，註九。

20 **詠祁世培（祁彪佳）詩**　張岱著，夏咸淳點校，《張岱詩文集》，頁四十六至四十七。

21 **饑荒餓殍**　張岱在杭州看到的景象，張岱，《陶庵夢憶》，卷七，篇一；Brigitte Teboul-Wang法譯，《陶庵夢憶》，#94，頁一二六。卡發拉斯（二〇〇七年），頁五十五。

22 **藝瀆墓陵**　張岱，《陶庵夢憶》，卷一，篇一；Brigitte Teboul-Wang法譯，《陶庵夢憶》，#1，頁十九至二十一。見夏咸淳編，《陶庵夢憶》，頁六的費心註解。譯文見卡發拉斯（一九九五年），頁九十六至九十七，以及（二〇〇七年），頁二十三至二十六。

第七章

散盡家產留忠心

張岱沒打算過要到戰場當英雄。事實上，張岱到快五十歲才見識到戰爭的慘狀。說來難以置信，明亡之前，張岱最接近戰爭的一次，正是崇禎十一年（一六三八年）那趟普陀島禮佛之行。某晚，張岱在山廟喝茶，聽到遠方砲火隆隆作響便倉促外出，只見火光耀空，海水如沸。不久，張岱得知海賊襲擊捕魚而歸的當地漁船，或搶、或焚了幾艘漁船，並斫殺數十名村民。[1]

海戰可遇不可求，張岱每次遇上的戰爭都近似遊戲，有各種繁複的戰爭場面、巧妙的演練操排、震耳欲聾的樂聲，扮演戰士的特技演員藝高人膽大，燈籠、煙花雜沓朦朧——這一切對張岱來說是趣意盎然。張岱的季叔張㸌芳買下一間習武校場，改搭成私人戲臺。張岱還記得年少時看過四十人搬演的《目蓮》戲碼，講的是佛門弟子目蓮入地獄救母的故事。[2]這齣戲連演三日三夜，戲臺周圍置有座位百餘：戲子使出渾身解數，在臺上獻技，度索舞繩，翻桌翻梯，蹬罈蹬臼，跳索跳圈，竄火吞劍。下地獄的段落栩栩如生：從牛頭馬面、夜叉羅刹等鬼怪，到鋸磨鼎鑊的拷打，「刀山寒冰，劍樹森羅，鐵城血澥」，活脫是一幅吳道子的〈地獄變相〉，但這回「為之費紙札者萬錢」。觀眾見狀，無不惴惴，搖曳燈火下，個個面如鬼色。最後，觀眾與戲子的吶喊驚動了紹興熊太守，以為必是海寇侵擾（這曾是司空見慣之事），於是差衙官前來偵問。直到張燁芳赴官衙解釋乃是作戲一場，熊太守才安下心來。[3]

至於河上競技，最引人入勝的莫過划龍舟比賽；對張岱而言，要數崇禎四年（一六三一年）那次比賽最為盛況空前。當時他住在揚州名收藏家的仲叔張聯芳府邸。在他眼裡，龍舟競技場面猶如作戰精神的再現：龍舟二十餘艘，神龍首尾，含怒生威；二十人依序排坐，手持大楫，剽悍威風；綵篷旌幢、綉傘，絢麗非常；敲鑼擊鼓，節奏一致；船尾立軍器一架，銳不可擋；每艘龍頭都有一人倒豎，險狀環生；龍尾懸一小兒，眾人見狀無不提心吊膽。[4]

想一睹令人歎為觀止的海上操演，最好前往浙江東北沿海外的港市定海。[5] 定海位於岩島上，沿岸附近山陵有衛牆，造於嘉靖九年，俯瞰市內，可見無數戰艦群集港口，有大戰船、唬船、蒙衝鬥艦，緊覆著一層水牛皮作防護。戰艦之間夾有魚艓輕舢，好似在繡帷畫上穿針引線。船與船之間距離太遠，聽不見口令聲，將官們須以旗幟及鼓聲為號；桅斗上還另有年輕驍勇的士兵瞭望，偵哨操演中假想的敵船，一見闖入者，便從桅斗上縱身騰空入水，破浪衝濤，頃刻間便游上岸，氣喘未定便向中軍走報敵情。水操夜戰，船艦彼此間以懸掛旌旗及干櫓上的燈籠為號。海面上，燈籠火光映射，火光數倍之，張岱等人從附近山陵輕鬆俯視這幅景象，「如烹斗煮星，釜湯正沸」。[6]

張岱見過最絢麗的操演場面是在崇禎四年（一六三一年），當時他前往魯王封地山東二度探視父親。[7]這次操演由參將校閱，參與操演的人似乎是真正的軍隊（至少一開始是）：騎兵三千，步兵七千，一個口令一個動作，迅速敏捷；前進、後退、變換陣位，無不聽從號令。「扮敵人百餘騎，數里外煙塵坌起。迾卒五騎，小如黑子，頃刻馳至，入轅門報警。建大將旗鼓，出奇設伏。」不久，敵軍誤入埋伏，一舉成擒。

但是對張岱來說，陣隊瞬霎為之一變，令人始料未及，摸不著頭緒，「內以妓童扮女三、四十騎，荷旃被毳，綉袪魋結」。參將跟前，唱班畢集，襯著弦樂，以道地的北方口音吟唱當地歌謠，而妓童在馬背上表演起雜耍，「顛倒橫豎，借騎翻騰，柔如無骨」。他們究竟是何許人，有如此能耐、魅力？張岱正色解釋：「是年參將羅某，北人，所扮演者皆其歌童外宅，故極姣麗，恐易人為之，未必能爾也。」[8]

張岱的記憶儘管繽紛多彩，令人心醉神迷，但暴力的殘酷面就要降臨眼前。天啟朝後期，張岱的父親張耀芳在兗州剿滅的盜賊，不過是流竄華北、行蹤飄忽不定流賊中的一小撮，來歷各異[9]：其中有解甲兵丁與失業胥吏、解僱的驛站差役、礦工、農田荒蕪的農工、滿人襲捲關外造成的難民、隨著絲路貿易沒落而傾家蕩產的穆斯林、商賈。起初，這幫流賊只盤據西北或山東的一部分，到了崇禎四年（一六三一年）騷亂蔓延到華中及戰略要衝河南；隨著崇禎七年（一六三四年）天候酷寒、黃河冰封，情勢更是雪上加霜。

張岱日後在題為〈中原群盜傳〉的章節裡寫道，以史為鑑，可知這十年間事情發展的前因後果[10]：朝廷不知遠瞻未來，開啟糧倉振濟饑民。廷臣要是有這種洞鑒，不難勸服叛賊「解甲歸農，賣刀賣犢」，但賊寇勢力坐大，終於到了不可收拾的地步：「中原版圖蹂躪盡矣。比之苞蘖不剪，流為臃腫，疥癬不治，結為大疽。」張岱指出，隨著戰況起落，流賊的行蹤捉摸不定，行事更是難以意料。再者，朝廷並未適當地集中兵力，「前門拒虎，而後門進狼」，以至於局勢逐漸惡化，「弱者半降於官軍，強者悉隸於闖賊」，且「公私塗炭，宗社淪胥」。

張岱的明史雖然只有初稿，家傳也尚未寫就，但從他尚存著作的敘述手法可以窺知，他還是把張家的故事與天下命運扣連在一起。舉例來說，張岱二叔張聯芳自任官以來歷經連番交戰，崇禎六年（一六三三年）署理河南陳州，奉命到宛水馳援，依令防守亂賊。兵馬倥傯之間，張聯芳仍不改對藝術的雅愛。套用張岱的話：「時賊偪宛水，刀戟如麻，張聯芳登陴死守，日宿於戍樓，夜尚燒燭為友人畫，重巒疊障，筆墨安詳意氣生動，識者服其膽略。」

張聯芳也展現出過人的後勤長才，以及年少時雲遊四方習得的實用知識。崇禎七年（一六三四年），仲叔晉升為孟津縣令。張岱寫道：「孟津有城無濠，仲叔至，為掘壕，不日而就，邑人王鐸為作《靈濠碑記》。」[11]

崇禎十五年（一六四二年），戰況益發慘烈。清軍撲襲揚州，張耀芳曾效命的那位魯王的姪子自盡，其弟繼承宗藩。[12]王朝敗象隨處可見，張家人也捲入危機之中。這時張聯芳升為揚州司馬，駐守大運河的重鎮揚州，坐鎮在大運河與黃河會合的戰略要津淮安，負責督理大運河的船政與防禦。張岱的敘述簡要：「仲叔分署淮安，督理船政。史道鄰（史可法）廉仲叔才，漕事緩急，一以委之，無不立辦。」史可法乃是中國驍勇善戰、備受愛戴的名將，一言九鼎，然而頹勢難以挽回：「癸未（一六四三年），流賊破河南，淮安告警，仲叔練鄉兵，守清江浦，以積勞致疾，遂不起。」崇禎十七年（一六四四年），張聯芳辭世。[13]

九叔張九山的多遭磨難，一如二叔張聯芳。他於崇禎十五年（一六四二年）奉命守臨清，這個北方軍事重鎮也位於大運河畔。是年十一月，張九山命喪敵軍。張岱對當時的用兵細節知之甚詳，不過他寧可把張九山之死歸因於三叔張炳芳死後作祟；張炳芳曾在京城為官，消息靈通，堪稱官場高手，至死都認為是張九山毀了他。張岱的敘述透露，張炳芳的死，其實是自己的怒氣和沮喪所致：「三叔恚怒，嘎唶不能語，歸即癡發，不兩月而殂。」不過，張炳芳臨終時曾把兒子都叫來，說：「棺中多著筆札，我入地當遍告之。」

許多官員大概都知道，張九山於崇禎十五年奉朝廷之命赴臨清履新。張岱把張九山的擢升，與近日已故三叔張炳芳託夢給兒子貞子一事聯想在一起。張炳芳託夢說：「我與九叔在臨清結案，屈王司馬峨雲一行，汝明晚於家中設餞，多燒輿馬從人，我且亟去。」張岱說貞子確實遵照指示辦事，準備了牲醴設餞，邀請客人赴宴，一如張炳芳在世之時，「祭畢澆灌，旋風起桌下，燈燭盡滅，步履蹀躞，真若有車馬行者」。可見得，張炳芳即使去世，對張岱堂弟貞子的影響力仍然不減。張岱的觀察入微：「九叔殉難臨清，而結案之言，先於八月見夢，厲鬼之靈而很也如此。」張岱在這段評論最後，重申這之間的關係：「(三叔）心之所恨，力能致之於死，而又能厲鬼晝見，以雪其憤，則殺氣陰森，真有不可犯者矣。」[14]

張岱以類似的手法，運用夢境將仲叔張聯芳與桀驁不馴、擁有名駒「千里馬」大青的季叔張燁芳連結在一起。萬曆四十三年（一六一五年）某夜，張燁芳服下百日份的藥，毒發身亡。「季叔死之六日，仲叔在燕邸，夢季叔乘大青馬，角巾緋裘，僕從五六，貌俱怪，問：『弟何來？』曰：『候阿兄耳，弟有〈自度詩〉為兄誦之：

歛色危襟向友朋，
我生聚散亦何辛。
而今若與通音問，
九里山前黃鳥鳴。」

猶在夢中的張聯芳心想這必定是不祥之兆，於是趨前拉了一拉張燁芳的衣袖。張燁芳隨即上馬離去，「仲叔尾而追之，則舉鞭遙指曰：『阿爺思兄甚，兄其亟歸！』人騎遂失」。夢醒之後，張聯芳記下這首詩，爾後回家才發現這首詩就是張燁芳死前三日所作的〈自度詩〉。這場夢境幾乎過了三十年才成真：張聯芳渡清江浦時溺水，終於和族弟團圓。[15]

據張岱說，張聯芳雖百般不願，還是又親眼見到另一位族弟的辭世。亡者是張岱的十叔張煜芳。[16]排行老么，在張家人之中算有幹才的，只是生性暴戾。張岱認為張煜芳一生可以氣盛形容。「氣」往往代表正面的力量，但張煜芳過於氣盛，顯得窮凶惡極、脾氣暴躁、刻薄寡恩而剛狠。張煜芳晚年任職北京，約莫崇禎十三年間，補刑部主事。依張岱描述，張煜芳對部屬必力爭曲直，動輒盛氣凌人，「為僚屬所畏」；凡有高官「語稍婞阿」，也敢在刑部破口開罵。他對待刑部牢裡的囚犯苛薄，常無端鞭打，嚴懲有功名的犯人，甚至嚴加監控探監者，堅持記錄探監者來來往往的細節。不過，當張燁芳稽察各部書辦，想要以瀆職罪判他們死刑時，這些書辦卻先發制人，唆使言官彈劾張燁芳，令他去職。

張燁芳有這樣的下場，從他的生活也可看出端倪。張燁芳解職後，張岱寫道：「紫淵（十叔之號）恚怒，得臌疾，腹大如斛。」張燁芳啟程回紹興時途經淮安，病情惡化。張聯芳剛好駐守淮安，督理船政，將張燁芳安頓在清江浦附近的禪寺，並延請大夫為他調治。不過，張岱說：「見醫則罵醫，見藥則罵藥，送薪米則罵薪米，送餚核則罵餚核，撥祇應人役得則罵祇應人役。……承值人皆逃去，又勒二叔更代之。如是者兩月。一日疾華，口猶詈人，喃喃而死。」[17]

張燁芳死前半個月，得知有善製陶者受託在淮安製陶，便囑託他燒製上等宜興瓦棺一具，同時吩咐張聯芳多買松脂。張燁芳解釋這項不尋常的請求：「我死，則盛衣冠斂我，鎔松脂灌滿瓦棺，俟千年後松脂結成琥珀，內見張紫淵如蒼蠅山蟻之留形琥珀，不亦晶映可愛乎？」張岱描述這臨終的情景，說他這個十叔「其幻想荒誕，大都類此」。

不管對大難不死的張家人，或對明朝臣民來說，暴力與死亡層出不窮，到了崇禎十七年（一六四四年）達到高峰：李自成和他下面的農民叛軍在四月初攻進北京，占領紫禁城；崇禎皇帝為滿朝文武百官拋棄，在御花園自縊。同年夏天，清軍在吳三桂的協助下，直搗北京，驅逐農民叛軍，宣布改朝換代，建立大清。[18]

隨著明思宗賓天，清軍控制紫禁城，前明勢力潰散，缺乏領導中樞。在太子下落不明的情況下，各黨派各擁其主以承襲明室正統。明思宗駕崩後，政局瞬息萬變，國都南京成為抗清的中心，文人廷臣、備受張岱推崇的戲曲家阮大鋮崛起，成為主導的政治勢力。阮大鋮經過一番謀略巧計，擁立屬於皇室直系的福王為南京的反清勢力共主。魯王朱以海在清兵攻克兗州封地後南逃，帶領烏合之軍進駐紹興之南，其他藩王、驕兵悍將則盤據華北、華中，彼此較勁，互爭地盤。其中很少有像史可法將軍這般，文武兼備，受福王拔擢，參贊政務，並協調大運河畔揚州城及其以北的防務。史可法將軍給予張岱那早產的幼弟山民參戰的機會。

張岱概略解釋箇中來龍去脈，以及幼弟的回應：「吾弟恂恂示人以樸，而胸中大有經濟。淮陽史閣部道鄰知其能，遣官弊聘題授軍前贊畫，命縣官敦促就道。吾弟見時大壞，不肯輕出，屏居深山，致書卻聘。」張岱早先稱許弟弟山民機敏，他又說：「不識其於何時揣摩時務，其確見若此。」[19]

史可法督師揚州戍守至順治二年（一六四五年）五月二十日，城牆終為火砲所破，隨之而來的即揚州屠城，史可法受俘，即刻處決。就某方面來說，山民顯然作了一個理所當然的決定。不過明知勢不可為，而前明宗室與依附的軍閥可能所託非人、不值一哂，仍有成千上萬的前明文人與臣屬，義無反顧、挺身而出。張岱的多年好友祁彪佳正是這群憂國憂民志士中的先鋒，投身江南的抗清運動。[20]因為祁家藏書乃紹興第一，張岱時常同祁彪佳遊山玩水、談詩論藝。祁彪佳官做到蘇松府巡按，承命督師防衛蘇州，雖有阮大鋮黨羽的奧援，終究被迫去職。順治二年（一六四五年）六月八日，滿清貝勒兵不血刃，收服南京這個漢人寄望鞏固的反清重鎮。一週後，福王被清軍俘虜，押往北京，不久死在北京。號稱前明志士領袖的馬士英，往紹興以南逃逸，打探投身魯王小朝廷的機會。

祁彪佳一如其他當地人，聽聞這噩耗後，必須決定該採取什麼行動。然而，自滿清貝勒遣使贈禮，意圖招降他臣服肇建中的新朝，他的選擇有限。滿人於順治二年七月二十一日頒布薙髮令，規定所有漢人皆依滿人髮式，剃頭蓄辮，以示效忠，十日內若不遵守，即刻處決。對祁彪佳及成千上萬忠於前朝的漢人志士，這又是另一個痛苦不堪的抉擇。[21]

祁彪佳與妻子商討後，盡可能料理完個人事務，把大片田產布施給鄰近的佛寺，在十四年來鉅細靡遺記載的日記中留下了絕命書。七月二十五日，祁彪佳命兒子溫了幾杯酒，邀親友到府作客。待親友離去，又找來老友祝山人暢談。張岱描述那晚的經過，深情款切：「子侄童僕皆散去，獨呼祝山人至瓶隱密室，縱談古今忠臣烈士，娓娓數千言。屬山人焚香煮茗，遂開牖南望，笑曰：『山川人物皆屬幻影，山川無改，而人生倏忽，又一世矣。』復向榻中端坐，瞑目屏息良久，忽張目曰：『向謂死若何，如此是矣。』乃促山人就寢。」

不過，祁彪佳本人則是來到了「八求樓」，在祖先祠堂裡寫下訣別信，並留下簡短遺言：「臣子大義自應一死，十五年前後，皆不失為趙氏忠臣。深心達識者，或不任溝瀆自經。若余硜硜小儒，惟知守節而已。」

祁彪佳筆蘸朱墨寫下這段話後，就投水自盡。翌日，祝山人一大早醒來找不到祁彪佳，心知不妙。祁彪佳的兒子理孫自「夢中驚起」，召來幾艘船，順著河尋找，也一無所獲。張岱記下結局：「有頃，東方漸白，見柳陌下水中石梯露幘角數寸，急就視。祁彪佳正襟危坐，水緣過額，冠履儼然，鬚髮不亂，面有笑容。」[22]

不到一個月，順治二年八月十九日，誓與滿清不共戴天的紹興臣族，勸魯王宣布「監國」。天啟年間，張岱父親張耀芳當時曾效命於喜好神仙之道的魯王，而現任魯王朱以海就是他的姪子；隨著長兄朱以派自縊，山東封地淪陷，朱以海南逃，南京僭主命令他駐紮紹興東南百里的沿海市鎮臺州，以督師浙江防務。這時政局反覆無常，僅僅一天前，八月十八日，最初與魯王素不相識的另一藩王（唐王），在福建的根據地即位，堅持命令魯王承襲先前的封號，但魯王接受臣僚的建議，不予理會，維持新的頭銜「監國」。其他各藩王也在各方簇擁下，爭奪權力，登極稱帝。權臣貪官馬士英[23]，自順治元年至順治二年夏出逃南京城，一直獨攬南京流亡朝廷的朝綱，這時與他的殘餘兵將也進入浙江，駐紮在魯王根據地八十里外的東陽。

同一年夏天，馬士英又率領殘餘兵丁，包括三百餘名騎兵與步兵，屯聚清溪，距離魯王的根據地只有幾里之遙。在魯王朝廷的群臣眼中，馬士英只不過是個貪腐的叛徒、貪生怕死之輩，還兩度出賣前明皇室（一次在北京，一次在南京），此時流言卻是甚囂塵上：馬士英向魯王監國獻媚。

張岱也聽到傳言，憤慨不已。他既驚且怒，上疏魯王，拳拳愷切，字字直指要害，措辭堅定地祈請魯王不要受到馬士英的蒙蔽，應該為朝廷拔擢賢良忠勇之士。由於張岱沒有功名，不曾在明廷為官，沒有正式職銜，便以「東海布衣」的身分上疏。張岱這番謙恭並無礙於他切中時弊[24]：

「臣岱謹啟：為監國伊始，萬目具瞻。懇祈立斬弒君賣國第一罪臣，以謝天下，以鼓軍心。臣聞舜受堯禪，誅四凶而天下咸服；孔子相魯，誅少正卯而魯王大治。在彼盛時，猶藉風動，況當天翻地覆之時，星移宿易之際！世惟悖逆反常，人皆頑鈍無恥，反身事仇，視為故套；繫頸降賊，奉作法門。士風至此，掃地盡矣，倘不痛加懲創，則此不痛不癢之世界，滅亡無日矣。安問中興，安問恢復哉！吾主上應天順人，起而監國太祖高皇帝之血食，一日未斬；歷代帝王之衣冠文物，一日未絕，皆繫於主上之一人。」

此外，張岱還在這篇疏文中著力引古鑑今，證明馬士英乃是千古未有的奸詭、謀逆之徒。他直言形容：「賊臣馬士英者，鬼為藍面，肉是腰刀。」張岱寫道，縱使是入侵的滿人也極不信任馬士英，寧願置他於死地，也不願將他納入麾下。「彼庸君孱主，至國破家亡之際，猶能回光返照，雪恨報仇，況我主上睿謨監國，聖政伊始，寧容此敗壞決裂之臣，玷污朝寧乎！」張岱要替成了清兵階下囚的南京君主報仇雪恨，自動請纓，向魯王要求「一旅之師」，捉拿、立斬馬士英，此舉對天下人來說會是「主上中興第一實政。風聲所至，軍民必踴躍鼓舞，勇氣百倍」。若請斬馬士英之舉不能震竦北方勢力，張岱自請以項上人頭謝罪。

根據張岱的記載，魯王讀罷疏文，召他到臺州，要他「先殺後聞」。張岱領兵追捕馬士英，設法將他逼到駐紮地附近的村落。沒想到馬士英竟然兔脫，撤到兩位友人的陣地。這兩人都是魯王愛將，巧妙地派馬士英防守紹興以北的錢塘江沿岸前線，再以嫡系部隊為他斷後。張岱空有豪言壯語，面對這般軍陣布局，也莫可奈何。[25]

順治二年（一六四五年）九月，杭州雖已失守，遭清軍及其同盟所奪，魯王仍自根據地臺州遷往紹興。[26]張岱無法牽制馬士英，深感沮喪，但是基於忠君及感戴魯王恩德，仍盡責擁立這位流亡藩王。不過，張岱這回記載在紹興與魯王會面，筆觸、語氣不無調侃之意，與幾個月前的上疏內容天差地遠：「魯王播遷至越，以先父相魯先王，幸舊臣第。岱接駕，無所考儀注，以意為之。」[27]

張岱接駕的準備事項包括：安排家裡接駕的廳堂，備御座、升御座小階梯，鋪氈毹蓆墊，設宴七道，道道「山海之供」。魯王抵達時，只有隨扈、侍衛少數幾人；魯王盛裝，頭戴冠，身穿玄色雙龍蟒袍，腰環玉帶、玉綬。張岱提到，觀者吵雜，前後左右簇擁，都想親睹魯王一面。有人過於貼近，教魯王寸步難行；有人則勉強站上凳子、甚至梯子觀看。魯王下旨要張岱趨前，於是他跪拜、「行君臣之禮」，並獻上茶果。不過，他提到起先他還不敢奉上杯箸，以免在如此尊貴的訪客前以「主人」自居。酒先以銀壺溫過，再由魯王的三名書堂官斟酒。另有肉簋、湯盞侍候，上菜的銀盤都用三條黃絹覆蓋。魯王用膳時，書堂官則以儀舞七回、樂奏七回慶祝，以示隆重。

對張岱來說，這番雅致與講究不過是登台唱戲曲的引子。以他對戲曲所知之淵博、閱歷之豐富，深知該為這特殊的場合挑選哪齣戲。他挑了《賣油郎》的一段。[28]基本上，《賣油郎》是齣相當俗套的浪漫傳奇，頗迎合大眾流行口味；劇中潦倒的賣油郎追求京師色藝雙全的名妓，最後贏得芳心。不過，劇中背景至為重要：故事發生在西元一一二〇年代末，北宋王朝傾頹的黑暗年代，金人勢如破竹，攻克宋都開封，擄走皇帝與諸多皇子，逼使驚慌失措的難民與散兵游勇擠滿往南方的要道，狼狽地渡過長江，逃往安全之地。當年的金人與西元一六四〇年代的滿人系出同種；而十二世紀的國都開封城與宋代皇室的命運，與西元一六四四、一六四五年的明朝歷史，又若合符節。

從張岱挑的戲來看，顯然他為了彰顯「與時事巧合」，選了泥馬渡康王的故事。這齣戲描述被俘的諸皇子中，有人靠著計謀、敏捷、勇氣及運氣，在西元一一二七年逃脫金人的層層封鎖，早金兵一步渡長江，先是在杭州建都，然後出海至舟山群島，接著來到紹興，最後又回到杭州建立永久的根據地。局勢雖然險惡，流亡的康王總是能化險為夷，統治南方的半壁江山，直到西元一一六二年自願禪位，而他肇建的南宋國祚則延續到西元一二七八年。歷史上的康王選擇以「紹興」城之名作為他的年號，此舉更突顯這一對比的適切性。誠如張岱說魯王觀戲時「睿顏大喜」，顯然頗欣賞這段歷史所透露的樂觀氣息。

戲演罷，夜幕低垂。張岱將席宴移往較私密的空間——張家「不二齋」內的「梅花書屋」。這間書屋最早是由張岱曾祖父張文恭闢建，備有宴席。魯王坐臥張岱的書榻，談論戲劇，召來張岱和畫家陳洪綬在一旁侍飲，「諧謔歡笑如平交」。魯王「睿量宏」，張岱說道：「已進酒半斗矣，大犀觥一氣盡。陳洪綬不勝飲，嘔噦御座旁。」但魯王根本沒注意陳洪綬的窘態，只命人設一小桌，要陳洪綬揮毫，但此時陳洪綬已不勝酒力，無力提筆，只得作罷。不過，歡宴繼續，上演更多齣戲，然後全員起駕轉席，再到別處暢飲。魯王又喝了半斗酒後，張岱留意到，「睿顏微酡」。他並未提到宴席什麼時候結束，只說最後召來轎子時，魯王已無法步行，須由兩名書堂官攙扶。等張岱送客至大門外，尚未走遠的魯王要書堂官傳旨給張岱：「爺今日大喜，爺今日大喜！」張岱寫道：「君臣歡洽，脫略至此，真屬異數。」[29]

張岱也曾像誠摯歡迎魯王進駐紹興城的當地文人，有意成為新秩序的一份子，接受魯王小朝廷的官職，結果只得到紹興轄下的「方部主事」一職，官微位低，且因魯王不足成事，漸感不安。魯王也授予張岱的好友陳洪綬一職，似乎未因這位畫家當著睿顏嘔噦、無力提筆，對他抱持成見。陳洪綬早有功名在身，魯王封他為「翰林待詔」。這所魯王在紹興設立的學術中心，顯然是師法已淪落滿人之手的京城翰林院。[30]

正當張岱躊躇不決之際，魯王拔擢了一個他意想不到的人：那位魯莽、揮霍無度的堂弟燕客，也就是收藏名家張聯芳的獨子。崇禎十七年（一六四四年），張聯芳死於北方戰場後，燕客繼承父親所有的家產及古玩；但據張岱所說，燕客旋即變賣所有家產，不到半年便花光所得的五萬餘兩。到了順治二年（一六四五年），跟張岱一樣沒有一官半職的燕客，似乎覺得高舉匡復明室、為魯王效力是個值得追求的目標，而張家與魯先王的關係也讓燕客有這個機會。張岱以略顯茫然的筆觸寫道：「乙酉（順治二年），江千（錢塘江）師起，燕客以策于魯王，擬授官職，燕客釋屩，即欲腰玉，主者難之。燕客怒不受職，尋附戚畹，破格得掛印總戎。」[31]

為求督戰順利，燕客向眼盲的堂弟張培求助。張培的才幹與足智多謀備受張岱稱道，雙眼俱盲後，以精湛的醫術聞名，但他還有其他才能，不受眼盲所礙。張岱以熱切的語氣描述張培在桑梓間的幹練表現：「族中凡修葺宗祠，培植墳墓，解釋獄訟，評論是非，分析田產，拯救患難，一切不公不法可駭可愕之事，皆於伯凝（張培之字）取直，故伯凝之戶，履常滿。伯凝皆一一分頭應之，無不滿意以去。」

在王朝危傾之際，張培顯然有能耐助燕客一臂之力。張岱語帶稱許：「其內弟督兵江千，伯凝為之措糧餉，校鎗棒，立營伍，講陣法。真有三頭六臂，千手千眼，所不能盡為者，而伯凝以一瞽目之人，掉臂為之，無不咄嗟立辦，則其雙眼可真矐，而五官真不必備矣。」[32]

堂弟燕客重新設定的生活目標，顯然未能左右張岱的心意。張岱寫道：「乙酉秋九月，余見時事日非，辭魯國主，隱居剡中。」[33]張岱隱居或許是受到幾位親友為在亂世中選擇遁隱的影響。像陳洪綬不久就明白時局至此，為魯王效力於事無補，也約在此時辭去翰林之職，削髮為僧，到雲門寺出家。陳洪綬自承他的出家之舉別有用心，在戰亂中既可尋求庇護，又不必表態是否接受滿人剃髮蓄辮的髮式。前一年，史可法懇切邀請張岱的幼弟山民，協助督畫揚州之戰的糧餉輜重，山民也推辭了。再者，張岱另一位堂弟（張有譽）在南京城被攻破後逃過一劫，也選擇在杭州城外山裡遁入空門。

對於張岱，事情卻注定難以稱心如意，其中變數來自方國安將軍。[34]方國安目不識丁、自力竄起，崇禎年間轉戰各地，養兵數千，之後帶著這支私人軍隊投靠魯王。方國安與馬士英同鄉，據張岱說，馬士英之所以能死裡逃生，就是方國安派他協防錢塘江的關係。方國安貪婪成性、飛揚拔扈，這點人盡皆知，他的勢力範圍卻不容小覷。他的軍隊恣意蹂躪紹興，一再以地方防務為由嚴禁河道上舟船往來，即便是重要的地方節日如清明掃墓，也不例外。結果，商船或漁船都禁止在河上航行，私人舟楫也在禁止之列。男人外出掃墓，得帶著祭品冥紙長途跋涉，婦女無法隨行，只能待在城裡家中。

誠如張岱的記述，他最初的隱居念頭很快就作罷，在順治三年正月（一六四六年）結束自我放逐。「方磐石（方國安）遣禮幣，聘余出山，商榷軍務，檄縣官上門敦促。余不得已。」

要不是已故友人祁彪佳加以「干涉」，或許張岱就被迫投入擁戴魯王的小黨派了。

「余于丙戌正月十一日，道北山，逾唐園嶺，宿平水韓店。余適疽發于背，痛楚呻吟，倚枕假寐。見青衣持一刺示余，曰：『祁彪佳拜！』余驚起，見世培（祁彪佳之號）排闥入，白衣冠。余肅入，坐定。余夢中知其已死，曰：『世培盡忠報國，為吾輩生色。』世培微笑，遽言曰：『宗老（指張岱，其字宗子）此時不埋名屏跡，出山何為耶？』余曰：『余欲輔魯監國耳。』因言其如此如此，已有成算。世培笑曰：『爾要做，誰許爾做？且強爾出，無他意，十日內有人勒爾助餉。』余曰：『方磐石誠心邀余共事，應不欺我。』世培曰：『爾自知之矣。天下事至此，已不可為矣。爾試觀天象。』」

「拉余起，下階西南望，見大小星墮落如雨，崩裂有聲。世培曰：『天數如此，奈何！奈何！宗老，爾速還山，隨爾高手，到後來只好下我這著！』起，出門附耳曰：『完《石匱書》。』」

「灑然離去，余但聞犬聲如豹，驚寤，汗浴背，門外犬吠嘷嘷，與夢中聲接續。蹴兒子起，語之。次日抵家，閱十日，鑣兒（張岱之子）被縛去，果有逼勒助餉之事。忠魂之篤，而靈也如此！」[35]

面對這突如其來的劫數，張岱又再出逃，而且走得十分倉促，「略攜數簏隨行」。他幾乎把所有家當及三十萬卷藏書，盡數留在紹興家中，留下的藏書，「為方兵所據，日裂以吹烟，并舁至江干，籍甲內攩箭彈，四十年所積，亦一日盡失」。[36]

說來奇怪，張岱倉惶出走，燕客卻留了下來，自願為魯王賣命。順治三年初夏，錢塘江南岸一帶的脆弱防線崩潰：兩年天旱導致河床乾涸，清兵長驅直入，馬士英和方國安隨魯王逃逸，燕客仍懷抱著不切實際的忠君想法。儘管壯志難酬，身體抱恙或是帶傷，他滿腔熱血、一片赤誠地謹守崗位，直到最後。死前他告訴僕侍，死後將他投入錢塘江；他只恨不能以馬革裹尸，不過若有鴟夷皮裹尸，足矣！他這番交代頗耐人尋味，且充滿諷刺意味。在古代，英勇捐驅沙場者，慣以馬革裹尸，蒙羞而亡者，就以鴟夷皮裹尸。張岱對燕客的死，僅有寥寥數語：「後果如其言。」[37]至於張岱，他盡棄家產，任由軍隊處置，並將在世的幾個兒子，連同兩位夫人安頓在城東山中的安全處所。他本人則返回紹興西南的蓊鬱山陵；這一帶地形崎嶇，來犯的軍隊很難闖入。已故好友祁彪佳苦口婆心的叮嚀猶言在耳，歸返山林的張岱沒把未竟的明史草稿給忘了。

註釋

1 **海賊與漁人** 張岱著，夏咸淳點校，《張岱詩文集》，頁一六七至一六八。張岱是於梵山上記錄這次奇特經驗。

2 **目蓮戲** 張岱，《陶庵夢憶》，卷六，篇二；Brigitte Teboul-Wang法譯，《陶庵夢憶》，# 79，頁一一〇至一一一。內文證據顯示年代是萬曆四十一或四十二年。

3 **季叔與熊太守** 見夏咸淳編，《陶庵夢憶》，頁九十五，註四，以及《紹興府志》，重印本，頁五九六（卷二十六，頁二十二）。張燁芳卒於萬曆四十三年。

4 **龍船** 張岱，《陶庵夢憶》，卷五，篇十三；Brigitte Teboul-Wang法譯，《陶庵夢憶》，# 74，頁一〇二至一〇三。

5 **定海水操** 張岱，《陶庵夢憶》，卷七，篇十四；Brigitte Teboul-Wang法譯，《陶庵夢憶》，# 107，頁一三九。夏咸淳編，《陶庵夢憶》，頁一二一，註一。譯文見卡發拉斯（一九九五年），頁一四九，以及（二〇〇七年），頁一〇七至一〇八。

6 **潛水與燈籠** 張岱，《陶庵夢憶》，卷七，篇十四；Brigitte Teboul-Wang法譯，《陶庵夢憶》，# 107，頁一三九。

7 **魯王閱武** 張岱，《陶庵夢憶》，卷四，篇三；Brigitte Teboul-Wang法譯，《陶庵夢憶》，# 49，頁七十三。

8 **雜技** 張岱，《陶庵夢憶》，卷四，篇三；Brigitte Teboul-Wang法譯，《陶庵夢憶》，＃49，頁七十三至七十四；卡發拉斯（二〇〇七年），頁一〇八至一〇九。

9 **流賊** 戴福士（Roger Des Forges），《中國歷史的文化中心與政治變遷：明亡的河南東北》（*Cultural Centrality and Political Change in Chinese History: Northeast Henan in the Fall of the Ming*），頁一八二至一八四。

10 **朝廷腐敗** 張岱，《石匱書後集》，頁四九三。

11 **仲叔展長才** 張岱著，夏咸淳點校，《張岱詩文集》，頁二六一。鞏固地方防務，見《孟津縣志》，重印本，頁一八三、二九一至二九三（卷五、頁三十二）；卷十一，頁十二b至十五，記王鐸的解釋。亦可參考《明人傳記辭典》，頁一四三二至一四三四。有關這個時期的河南，可參考戴福士，《中國歷史的文化中心與政治變遷：明亡的河南東北》，頁一八二至一八五的精采分析。

12 **魯藩王** 歷世魯藩王及他們或自殺或戰死，見《清史》，頁一一三三，以及對他們的評論（崇禎十二年），見前揭書，頁一五〇〇。在《張岱詩文集》，頁二五六中，張岱以另一個名字「獻」，稱魯王。魯王及松棚，見張岱，《陶庵夢憶》，卷六，篇十二；Brigitte Teboul-Wang法譯，《陶庵夢憶》，＃89，頁一二一。

13 **仲叔之死** 張岱著，夏咸淳點校，《張岱詩文集》，頁二六一。史可法（史道鄰），見《清代名人傳略》，頁六五一至六五二。有關河南戰事的細節，戴福士，《中國歷史的文化中心與政治變遷：明亡的河南東北》，第五章。有關其他的選擇，見賀凱，《中華帝國官職辭典》（*A Dictionary of Official Titles in Imperial China*），＃5713。

14 **三叔之怒** 張岱著，夏咸淳點校，《張岱詩文集》，頁二六四。

15 **三叔之靈** 張岱著，夏咸淳點校，《張岱詩文集》，頁二六四。在原文中，「九月」誤植爲「八月」。

16 **季叔與仲叔** 張岱著，夏咸淳點校，《張岱詩文集》，頁二六六。

17 **十叔張煜芳** 其傳記見張岱著，夏咸淳點校，《張岱詩文集》，頁二七二至二七六。

18 **十叔之死** 張岱著，夏咸淳點校，《張岱詩文集》，頁二七五至二七六。

19 **明朝覆亡** 魏斐德，《洪業》；戴福士，《中國歷史的文化中心與政治變遷：明亡的河南東北》；《劍橋中國史》，第七冊，上卷；司徒琳，《南明史》。

20 **山民卻聘** 《張岱詩文集》，頁二九三，張岱爲山民所寫的墓誌銘。張岱是以史道鄰稱史可法。

21 **祁彪佳** 《清代名人傳略》，頁一二六；魏斐德，《洪業》，頁三二〇，註四；司徒琳，《南明史》，頁二〇八，註七十一；韓德琳（Joanna F. Handlin Smith），〈祁彪佳社會世界中的林園〉（Gardens in Ch'i Piao-chia's Social World）；祁彪佳，《越中園亭記》。

22 **薙髮** 《劍橋中國史》，第七冊，上卷，頁六六二，司徒琳的文章。

23 **張岱論祁彪佳之死** 《石匱書後集》，頁三〇七至三一一；引言，見前揭書，頁三一〇至三一一。在祁彪佳的日記裡，記載了他直到死前的心境。有關祁彪佳其志和詩作，見祁彪佳，《祁彪佳集》，頁二二一至二二二，以及張岱著，夏咸淳點校，《張岱詩文集》，頁三九二。

24 **馬士英** 查繼佐，《魯春秋》，頁十四（明弘光元年七月）；張岱，《石匱書後集》，頁三八九至三九一；《明史》，卷三〇八，列傳，卷一九六。馬士英的傳記，見錢海岳，《南明史》，頁五三八八至五三九四。

25 **上疏魯王** 疏文全文，見張岱，《石匱書後集》，頁三九一至三九四。錢海岳，《南明史》，頁二八八，概略引述張岱的疏文。

26 **張岱的挫敗** 見張岱，《石匱書後集》，頁三九八至四〇〇，方國安之傳。

27 **魯王前往紹興** 查繼佐，《魯春秋》，頁十五，清楚記載當時是陰曆八月（一六四五年九月二十日之後）。

28 **魯王臨幸** 《陶庵夢憶》，補遺一，〈魯王〉。一七七五年版本的《陶庵夢憶》收錄這四篇補遺，其中第一篇即是〈魯王〉。《陶庵夢憶》最近的中文版本雖收錄這四篇補遺，但Teboul-Wang在她的譯本裡並未收錄。

29 **賣油郎** 廣爲人知的晚明白話小說。見李維（James Lévy），《中國白話小說的分析及重要編目》（*Inventaire analytique et critique du conte chinois en langue vulgaire*），頁五八〇至五八六。譯本可

參考白杰明（Geremie Barmé）編，《懶龍：明代的中國故事》（*Lazy Dragon: Chinese Stories from the Ming Dynasty*），頁六十九至一一六。（本書並未包括康王這段插曲。）有關康王躲過金人入侵，隨後統治南宋這段故事的細節與分析，見牟復禮（F. W. Mote），《帝制中國》（*Imperial China*），頁二八九至二九九。

30 **魯王飲酒** 《陶庵夢憶》，補遺一，〈魯王〉魯王的隨從是「書堂官」。「不二齋」，見《祁彪佳集》，卷八，頁一八九，以及韓德琳，〈祁彪佳社會世界中的林園〉，頁六十八。

31 **張岱當官** 胡益民，《張岱評傳》，頁三五七。張岱的職銜是「方部主事」。見賀凱，《中華帝國官職辭典》，# 1420。紹興當初的熱烈響應，見《劍橋中國史》，第七冊，上卷，頁六六六，司徒琳的文章。陳洪綬的官職是「翰林待詔」，見賀凱，《中華帝國官職辭典》，# 2150。胡益民，前揭書，頁三五七。

32 **燕客出仕** 張岱著，夏咸淳點校，《張岱詩文集》，頁二七九。燕客的角色是「總戎」，見賀凱，《中華帝國官職辭典》，# 7107，這是一種破格任用的非官式將領。

33 **張培與燕客** 張岱著，夏咸淳點校，《張岱詩文集》，頁二八一至二八二。

34 **張岱隱居** 《陶庵夢憶》，補遺四。這時是陰曆九月。陳洪綬與堂弟張有譽，見胡益民，《張岱評傳》，頁三五七。陳洪綬出家爲僧的細節，見劉晞儀（Liu Shi-yee），〈眞實生活中的行動者〉，頁二十二至二十七。

35 **方國安將軍** 張岱，《石匱書後集》，頁三九八至四〇〇；《陶庵夢憶》，卷一，篇十；Brigitte Teboul-Wang法譯，《陶庵夢憶》，# 10，頁二十九至三十；《清代名人傳略》，頁一八一；方國安之傳，見錢海岳，《南明史》，頁五五一〇至五五一五。

36 **張岱夢見祁彪佳** 《陶庵夢憶》，補遺四（Teboul-Wang的譯本並未收錄這篇文章）。爲求簡化，筆者全以「祁彪佳」之名取代「祁世培」。

37 **藏書盡失** 張岱，《陶庵夢憶》，卷二，篇十五；Brigitte Teboul-Wang法譯，《陶庵夢憶》，# 30，頁五十一至五十二。這段期間浙江東北地區的搶劫、綁架、殺戮，見劉晞儀，〈眞實生活中的行動者〉，頁一九三至一九九。

38 **燕客之死** 張岱著，夏咸淳點校，《張岱詩文集》，頁二七九。張岱是以司馬遷，《史記》，卷一二九，記范蠡、伍子胥及吳越之戰的類比、雙關語，描述燕客的死。戰後，范蠡自號鴟夷子皮。英譯，見倪豪士編，《史記》，卷七，頁五十八至六十，伍子胥，引自《史記》，卷六十六；以及司馬遷著，華茲生譯，《史記》，漢朝，卷二，頁四三七至四三八。馬革裹屍的勇猛戰士，見張岱，《石匱書後集》，頁四三八。

第八章

繁華靡麗皆成空

我們已無法追索，張岱是否早計畫好要避開方國安與魯王的朝廷，他本人也沒有留下任何具體記述，得見他至紹興西南百里隱居的三年，到底是何景況。此地山陵崎嶇難行，多是孤村，蓊鬱山林，間或幾座寺廟錯落。張岱在一首詩裡提過，順治三年，他隱居山寺幾個月，僅帶一子、一僕為伴，隱姓埋名，又把心力放在撰寫明史上頭。經過月餘，因身分曝光，被迫避他寺再度藏身，與和尚們同住了一段時間。[1]張岱提到他飢腸轆轆，無米可炊，甚至沒有柴薪舉火，這時他才恍然大悟，中國自古以來流傳忠心耿耿的隱士，寧可餓死山中，也不願侍奉二主的故事，與事實差距甚遠。張岱如今體悟到，這些品德崇隆之士，真的是活活餓死的。[2]

張岱不願做滿人打扮，薙頭蓄髮，自知模樣十分嚇人，「披髮入山，駴駴為野人」，張岱形容自己看起來就「如毒藥猛獸」。他時常興起自殺的想法，不過撰寫明史大業未竟，又使他打消了卻殘生的念頭。[3]

順治三年，年屆四十九歲的張岱，顛沛流離，昔日生活的點點滴滴縈繞腦海，回憶如電襲來。張岱提到，夜氣方回，雞鳴枕上，拂曉時分，往事總入夢。值此之時，張岱告訴我們，「繁華靡麗，過眼皆空」。記下昔日回憶本是無心插柳，沒想到得以為困頓生活暫時解憂：「饑餓之餘，好弄筆墨。」對張岱而言，夜間燈火星耀，琴聲悠揚，腐臭難聞的牲祭，娼妓若有所思的靜默，浪擲千金於古玩，母親喃喃的祝禱，年輕伶人的粉墨登場，舟船、轎輿之旅，與知交好友的談詩論藝，連同無數的片刻，全都值得說、值得記。不過，張岱在《夢憶》[4]一書的序文中強調，這些篇章不落俗套，自成一格：「不次歲月，異年譜也；不分門類，別志林也。偶拈一則，如遊舊徑，如見故人。」這年歲暮，張岱發覺他就這樣寫了一百二十餘篇的陳年舊事。回憶如夢片斷，雖然張岱有意不寫長，文章篇幅從一段至多兩頁不等，但編成小書也綽綽有餘了。

《夢憶》序文意象豐富，張岱一方面強調經歷、感觸的捕捉是隨性的，但他也想使人明白，他很清楚自己追尋過去是為了什麼：「遙思往事，憶即書之，持向佛前，一一懺悔。」張岱心中，這冊寧變成一道贖罪的功課，誠如他在序文所表露的：如今他所捱受的種種劫難，正是往日驕奢淫逸的報應。張岱提到自己：「以笠報顱，以蕢報踵，仇簪履也；以衲報裘，以苧報絺，仇輕煖也；以藿報肉，以糲報粻，仇甘旨也；以薦報牀，以石報枕，仇溫柔也；以繩報樞，以甕報牖，仇爽塏也；以煙報目，以糞報鼻，仇香豔也；以途報足，以囊報肩，仇輿從也。種種罪案，從種種果報中見。」[5]

不論張岱內心是否覺得，他該為昔日揮金如土的生活承受報應，他的感懷終究是超脫了時代或個人動機，不減損其感染力。某種程度上，也許張岱真是每成一段便坦白佛前，以能「一一懺悔」。然而，這些他自身與其他人生活的種種過往片刻，他又是用情至深，下筆不輟，誠如張岱在序的最後所言，「堅固如佛家舍利，劫火猛烈，猶燒之不失也」。[6]

尤其在顛沛流離的頭一年，張岱常以中國最受稱頌的隱逸詩人陶淵明[7]為慰藉。早在好多年前，張岱便以陶淵明的姓取別號或書齋名，且因母親娘家亦姓陶，讓他共鳴更深。張岱想效法陶淵明並非只是毫無理由的迷戀：陶淵明的詩一千二百年來深植人心，生動傳達飽學之士一心拋卻壯志、功名的性情與層層肌理，或為返歸故里，躬耕寸土之地，或專心為文，或如他寄情杜康，沉吟人生之夢幻無常。人皆知陶淵明好酒，為了有酒喝可以說是排除萬難，有時甚至拿妻子買米的錢或不顧顏面向友人乞討。順治七年（一六五〇年），張岱的友人陳洪綬為表彰陶淵明嗜酒如命，還從其詩中摘錄飲酒軼事，繪成一系列情理兼具的畫作。而不好杯中物的張岱，在順治三年，留下與陶淵明作品唱和的詩作：包括陶淵明的〈詠貧士〉七首，關於弒主竄位的政治詩，〈自祭文〉，以及窮之有道的名詩

〈有會而作〉。陶淵明於此詩中說：

弱年逢家乏，老至更長飢，
菽麥實所羨，孰敢慕甘肥。

陶淵明在詩作序文裡，對躬耕自食艱辛的梗概描述頗令人動容：「舊穀既沒，新穀未登，頗為老農，而值年災，日月尚悠，為患未已。登歲之功，既不可希，朝夕所資，煙火裁通；旬日已來，始念飢乏。歲雲夕矣，慨然詠懷。今我不述，後生何聞哉！」

陶淵明〈詠貧士〉七首的開篇之作最為膾炙人口。該詩旨在傳達回歸田園生活的寂聊，以及陶淵明本人的徬徨無依。「遲遲出林翮，未夕復來歸。」兩句尤其佳。歷代文人雅士的品評，無不認為陶淵明這首詩不僅喻指自己，也暗喻所處朝代的崩潰。張岱亦以組詩七首唱和陶淵明，順治三年秋天，他在風雨淒然之時提筆，特別提及要跟「諸弟子」分享，張岱當時基於安全理由將之送往城東山中。[8]

陶淵明〈詠貧士〉第一首如下：

萬族各有託，孤雲獨無依；曖曖空中滅，何時見餘暉。

朝霞開宿霧，眾鳥相與飛，遲遲出林翮，未夕復來歸。量力守故轍，豈不寒與飢？知音苟不存，已矣何所悲。[9]

張岱的唱和雖仿效陶淵明，不過換了一個重要隱喻：陶淵明的不祥之雲成了螢火蟲，在霏霏淫雨中光芒終於熄滅。張岱寫道：

秋成皆有眾，秋螢獨無依。空中自明滅，草際留微暉。霏霏山雨濕，翼垂不能飛。山隈故盤礴，倚徙復何歸。清飈當晚至，豈不寒與飢？悄然思故苑，禾黍忽生悲。[10]

無論張岱是否誇大境況的淒涼——逃離紹興後，他說，所有家當僅存「破床碎几，折鼎病琴，與殘書數帙，缺硯一方而已」[11]——他始終感受到昔日世界的牽繫。張岱並未吐露一六四〇年代後期的生活細節，不過到了順治六年（一六四九年），他已決心重返紹興。

此番還鄉，人事全非。是因方國安的手下也好，遭當地強梁打劫也罷，或新朝滿清官員要他為兩度支持魯王付出代價，總之張岱已是無家可歸。順治六年十月，張岱在紹興龍山後麓賃租一塊地，這裡曾是他卜居、讀書、賞燈、觀雪的地方，他常與祖父張汝霖偕遊的「快園」同樣在此。兒少時代的快園宛如人間天堂，其名取自在此讀書為一大快事：其間果樹茂密，池塘廣闊，花木扶疏、圍牆拱立，景致之開展，彷彿人信步在卷軸上。在明朝滅亡前的繁盛年代，擁有一座園子還能取得豐厚的投資報酬。張岱寫道，快園裡池廣十畝，養魚魚肥，鮮橘可易絲綢，甘藍、甜瓜、桃、李一天可賣一百五十錢——真可謂「門成市」。不過，等張岱賃居於此，快園早已一片荒蕪。當年快意的讀書人杳然不復見，家族四散飄零。張岱說他得親自修葺這敗屋殘垣，然而造景的木石格局有何深意就無法索驥了。張岱以戲謔之說告訴老友，快園之名，證實了中國人「名不副實」的成語。這就好比「孔子何闕，乃居闕里；兄極臭，而住香橋；弟極苦，而住快園」。[12]

張岱後來又寫了一首詩，套玩數字鋪陳出家人好不容易團圓，但他已不配稱為一家之主的感受：

> 我年未至耆，落魄亦不久。奄忽數年間，居然成老叟。自經喪亂餘，家亡徒赤手。恨我兒女多，中季又喪偶。十女嫁其三，六兒兩有婦，四孫又一笄，計口十八九。三餐尚二粥，日食米一斗。昔有負郭田，今不存半畝。敗屋兩三楹，堦前一株柳。[13]

讀者自當知曉，「一株柳」本是形容詩人陶淵明一生多舛，然而問題是人多不見得就勢眾，張岱就言：

吾譬吾一家，行船遇覆溺。

順著這個比喻，他又說：

各各宜努力。手足自踤陆，方能不汆入。
如何望我援，乃共拉我褶。
沉淪結一團，一人不得出。[14]

張岱大可像別人那樣怨天尤人，不過他從不成天自艾自憐。漸漸熬了幾年，總算又得見老友，有時也有一些意外之喜——譬如總是對張岱情深意重的陳夫人，她是山民弟之妻，性情溫厚懇切，是張岱時常探望之人。陳夫人雖年過半百，不過只要張岱登門拜訪，必親手款待佳餚，以長輩之禮事之。[15]那些追隨魯王的，則殉國天人永隔；連畫家陳洪綬也於順治九年（一六五二年）病逝，再也無法把酒言歡。倒是祁止祥，這位多年的至交老友，也是祁彪佳的兄長，他在祁彪佳自盡後於臺州為魯王效力，留著性命要說出真相，他懷裡揣著心愛的寵物迦陵鳥「阿寶」，躲避擄掠的亂民和土賊，步行兩週才返回紹興。[16]

在快園尚安好的惟獨談天說地了。[17]張岱提及人生一大樂事，便是在暮夏午後與三五少年──他並未明說究竟是自家子弟或鄰人──坐在快園裡，訴說前塵往事。尤其是溽暑之日，躲在石橋下傍水乘涼，看往日時光重現，直到層層回憶湧上心頭，張岱便「命兒輩退卻書之，歲久成帙」。張岱在快園寫下的日常瑣語，有部分後來發展成家族裡的人物紀事，被蒐入《夢憶》之中。他時常提及祖父張汝霖的敏快聰慧，還有家族許多成員的早熟機智，包括張岱本人，旁及家族好友徐渭和祁彪佳。張岱在書中言，他試圖找出嚴肅但不失輕鬆的方法，讓教育不致太沉悶。他仔細想過，要有三分幽默才成七分教誨，諸如笑譚、雙關語、文字遊戲、謎語全都有助後生晚輩全神貫注，不昏昏欲睡。張岱有些短文對教養孩童其實蘊藏很多有用的提示，像不能喝酒失態，灑尿要注意長幼有序，詼諧之餘又能要求其生活言行。

張岱自一六五〇年代（順治七年）之後，又號「六休居士」，他在快園裡跟人談到此：「粗羹淡飯飽則休；破衲鶉衣暖則休；頹垣敗屋安則休；薄酒村醪醉則休；空囊赤手省則休，惡人橫逆避則休。」[18]張岱的境界顯然超脫了從絢爛歸於平淡，能對平凡處之淡然。

只是，流離時曾錄而為文一一存於《夢憶》的家族憶往，似乎還無法遠去，特別是仲叔張聯芳、堂弟燕客，以及談最多的祖父、父親，都還在快園裡留與後人談論遐思。

出於這種種背景因素，教張岱動心起念，考慮撰述三部精簡但又不失細緻的家族傳記[19]：一部以直系血親為主，上起高祖，下迄父親（卒於崇禎六年）；一部以三位族叔為傳主；最後一部則是擴及歷代的五位族人，上起族祖，下迄堂弟。

張岱撰述這三部家族傳記時，僅在寫三位叔叔的第二部有附上短序交代用意。張岱說：「仲叔死七年，三叔死十年，七叔死三十六年，而尚未有傳，則是終無傳也已。人之死而寂寂終無傳者有之矣。惜乎吾三叔者，皆可傳之人也。」其仲叔張聯芳可確信卒於崇禎十七年（一六四四年），而這部家傳成書於順治八年（一六五一年），以書成之日為基準，便可知能幹的三叔張炳芳卒於崇禎十四年（一六四一年），才華橫溢但狂放不羈的七叔張燁芳則卒於萬曆四十三年（一六一五年）。

張岱繼續說道，這三位叔叔「有瑜有瑕。言其瑜，則未必傳；言其瑕則的的乎其可傳也。解大紳曰：『寧為有瑕玉，勿作無瑕石。』然則瑕也者，正其所以為玉也。吾敢掩其瑕，以失吾三叔之玉乎哉？」[20]

張岱決意另替五位族人立傳，也有相似之說：「岱嘗有言人無癖，不可與交，以其無深情也；人無瑕，不可與交，以其無真氣也。余家瑞陽（族祖張汝方之號）之癖於錢，髯張（族祖張汝森的外號）之癖於酒，紫淵（十叔張熤芳之號）之癖於氣，燕客（堂弟張萼之字）之癖於土木，伯凝（堂弟張培之字）之癖於書史，其一往情深，小則成疵，大則成癖。五人者，皆無意於傳，而五人之負癖若此，蓋亦不得不傳之者矣。作《五異人傳》。」[21]

張岱所選擇的八個族人雖不是直系血親，卻讓他得以回首張家門風秀異之處。不過既是寫張家一門，當然下筆得謹守分寸，以免有違基本孝道；同時，無法與傳主身處同一時空，也是張岱要考慮的。但這些難題倒還能一一克服。

橫在他眼前的挑戰，是要寫出擲地有聲的家族列傳，明代已有兩位知名的政治家，兩人都同樣文風簡練且著作等身。他本想見賢思齊，有為者亦若是，或找到同等文采之人委託代筆，但隨即又自斷此念。「李崆峒之《族譜》，鍾伯敬之《家傳》，待崆峒、伯敬而傳者也。岱之高曾自足以傳，而又有傳之者，無待岱而傳者也。岱之大父，亦自足以傳。而岱生也晚，及見大父之艾艾，以前無聞焉，岱即欲傳之，有不能盡傳之者也。岱之先子，岱知之真，積之久，岱能傳之，又不勝其傳焉者也。是以岱之傳吾高曾祖考，蓋難於李，難於鍾者也。」[22]

不過思及自己其他著述，譬如《古今義烈傳》、《史闕》，明朝一代人物均已細數，張岱如何也要為自己開脫：「雖然，其可終無傳哉？終無傳，是岱能傳我有明十五朝之人物，而不能傳吾高曾祖考，則岱真罪人也已。」[23]

張岱曾言，為先人立傳是篇篇險招，因扮演的角色不同。寫高、曾祖張天復與張文恭，因二人多年位居要津，歷經官場浮沉，要緊的是澄清朝廷的不實曲解；張岱援引他在《史闕》提出的隱喻，形容自己好比天文學家，「如救月去其蝕，則闕者可見也」。而寫祖父張汝霖，張岱說：「如寫照肖其半，則全者可見也。」至於父親張耀芳，他就得像個漁夫，「如網魚舉其大，則小者可見也」。張岱後又補述道：「岱不才，無能為吾高曾祖考另開一生面，只求不失其本面真面，笑啼之半面也已矣。」

在張氏列傳短序文末，張岱自道家莊子借一意象，將之延伸至作傳之藝術：「厲之人（痲瘋病人），夜半生其子，遽取火而視之，汲汲然惟恐其似己也。」所幸，張岱繼續說道：「岱之高曾祖考，幸而不為厲之人，而岱之傳而不能酷肖吾高曾祖考，則夜半取火而視之，惟恐其似己，與惟恐其不似己，其心則一也。」[24]

一千兩百年前，陶淵明寫詩描述喜獲麟兒，也同樣用了「厲之人」一語：

> 厲夜生子，遽而求火；凡百有心，奚特於我！[25]

避居山林後，對陶淵明歸隱田園的詩作，張岱就不只是唱和了，而是借陶淵明之語說出新意，把害怕家人有缺陷轉引成寫作者對文不能成全的憂慮。因兒女家中失和，這些作品也是張岱的家訓，他掛慮的不僅在不能忘本，也要在整個家幾乎分崩離析時，還能以先人為榜樣持家齊家。

世局如此，快園內亦是多事之秋，張岱知道從前尚稱和樂的表面已現不祥之兆。張岱不吐不快，在寫就三個叔叔與直系先人的傳後，於《五異人傳》前，特別插入一段「以授諸子」的話。「岱次世傳以授諸子曰：『余之先世在是也，余之後世亦在是也。』諸子不解。岱曰：『先世之渾樸，勿視其他，止視其兄弟，太僕公事漢陽公如事父，文恭公手出二異母弟於澡盆，而視之如子。大父與芝如季祖，相顧如手足。而父叔輩，尚不失為平交。自此以下，而路人矣，而寇讎矣，風斯日下，而余家之家世亦與俱下焉。』」

「吾子孫能楷模先世，珍重孝友，則長世有基。若承此漫不知改，則君子之澤，五世而斬，余之家紲自此斬矣。故曰：『余之先世在是，余之後世亦在是也。』」[26]張岱其實是給自己重責大任：僅以一隻禿筆，蝸居快園一角，憑藉一人所思所感所憶力挽狂瀾，使張家得安然度過國家風雨飄搖，香火不絕。

張岱在《夢憶》那篇個人色彩強烈的序，一開頭就提及厄運接二連三降臨——「國破家亡，無所歸止」——他曾作自輓詩（這也是陶淵明之前做過的[27]），想要了卻殘生。雖然三餐不繼、貧無立錐，他還是決定苟活於世，這並非貪慕《夢憶》的昔日繁華，而是「因

《石匱書》未成」。張岱以「石匱」為所撰明史之書名，意在表達對司馬遷的推崇，張岱常稱司馬遷為歷代史家的偉大先驅。石匱是司馬遷保全史料之處，在一千七百年前藉此成就其曠世巨構。[28]司馬遷因直言敢諫，質疑皇帝的決斷，而承受「去勢」酷刑的摧殘；個人縱使備受羞辱，司馬遷最令人津津樂道的是，他決定不尋短見，努力活下來，因此完成了他研究中國第一個大一統帝國的不朽作品。

張岱也在《石匱書》的序文裡自述書成於何時又是如何而成，一如《夢憶》與家傳。「余自崇禎戊辰（一六二八年），遂泚筆此書十有七年而遽遭國變，攜其副本，屏跡深山，又研究十年，而甫能成帙，幸余不入仕版，既鮮恩仇，不顧世情，復無忌諱，事必求真，語必務確，五易其稿，九正其訛。」所以張岱的《石匱書》，至少是完整草稿，應當成於順治十二年（一六五五年）左右。

張岱在序文裡也提及，他起初便立意《石匱書》只寫到一六二八年新君崇禎登基為止。[29]雖然他後來寫明史時確實沒有悖離當初的決定，不過他心裡有數，明朝的淪亡已推翻了整個知識立論。如今，不知明亡，便無從理解明朝，同時，亦須有篇幅來解釋崇禎皇帝的自縊，以及南京福王，甚至紹興魯王的政權。張岱夢見了已故好友祁彪佳，剛開始他感覺背一直發疼，夢醒後只記得祁彪佳附耳叮囑，他要完成的是寫史而非去反清復明。想必背痛後來一直跟著他避居山中，甚至到後來賃居快園的時期，使張岱不禁自問，怎麼會這麼嚴重，身子骨衰敗至此，長久以來從沒發現什麼明顯症狀啊。

張岱在《石匱書》序文說道，有「能為史者，能不為史者也；不能為史者，能為史者也」。為具體說明，張岱還援引兩位古人為例；王世貞與蘇東坡。王世貞乃明朝一代碩儒，但對張岱而言，他正是不能為史而堅持為之的典型。就如張岱所道，王世貞「高擡眼，闊開口，飽蘸筆，眼前腕下，實實有非我作史，更有誰作之見，橫據其胸中，史遂不能果作，而作不復能佳」。

蘇東坡乃宋代文人、朝臣，卒於西元一一〇一年，恰是王世貞的反例。一代詩文大家的蘇東坡，峻拒作史，雖有國之重臣力勸，蘇東坡還是不為所動，蘇東坡始終堅信「史之不易作，與史之不可作也」。張岱寫道：「嗟嗟！東坡且猶不肯作，則後之作者，亦難乎其人矣。」不過，張岱雖有自知之明，明白自己「不能為史」，且才情不及王世貞（更遑論蘇東坡），他還是決定勉強為之。因為他知道「能為史而能不為史者世尚不乏其人，余其執簡俟之矣」。[30]

為使論點更完備，張岱再舉司馬遷為例。張岱時代的文人，一致公認司馬遷是有史以來最傑出的史學家。司馬遷文采斐然，不同於王世貞，因為「其得意諸傳，皆以無意得之，不苟襲一字，不輕下一筆」。結果，司馬遷筆下的歷史「銀鈎鐵勒，簡鍊之手，出以生澀。至其論贊，則淡淡數語，非頰上三毫，則睛中一畫，墨汁斗許，亦將安所用之也？」

我們僅知張岱逃出紹興時確實隨身帶著明史草稿，雖然詳細追索章節的寫作時間已不可能，但其基本骨架應在出亡前已大致成形。張岱運用的格式，自司馬遷時代以降在中國已被奉為圭臬，因其既能因時因地制宜又能廣蒐博採，所以歷久不衰。

像這樣講斷代或好幾朝的大段歷史，慣常先依序編年記載歷任帝王，隨後放置特定主題或概念的專論文章，如經濟、法律、運輸、公共建設、天文、音樂、氣候、農耕、哲學與科考，最後才是分量最多的人物列傳。列傳皆是史家認為對時代有影響力的人，無論忠良邪痞，公或私，皆按其功過分門別類。雖然編年章節的內容大致還能預期，但專論和列傳的光景就全然不同，史家不僅能選擇著重點自由發揮，還能適時另闢蹊徑。史家在揀擇材料或略而不談時，都有自己的政治或美學評判，每個論題——包括個別君主——也都會附加扼要的評或論。涉及的細節之複雜，已超過一般程度，特定項目下提到的人可能達數千之多。[31]

史家甚至還會繼踵司馬遷樹立的典範，穿州過省去親訪古戰場或訪談重大事件中還活著的人。張岱在明亡之後雖一貧如洗，不過還是走了同樣的路。順治十年（一六五三年）秋，張岱寫道，他藉探訪寓居浙西的族弟張登子，順道遊歷了江西抗清的慘烈戰場。沿途見聞令他心驚：「余上三衢，入廣信，所遇州縣，一城之中但茅屋數間，餘皆蓬蒿荊棘，見之墮淚。訊問遺老，具言兵燹之後，反覆再三。」而響應抗清的江西士大夫之家，「株連殆盡，言之可憫。及至信州，見立砦死守者尚有數十餘處，而鄉村百姓強半戴髮，縉紳先生間有存者，皆隱匿山林，不見當道。文士有知名者，不出應試。鼎革已十載，雒邑頑民猶故主之思」。張岱追索這些事件的歷史根源時，最後大歎：「木本水源，感發有自，不其然哉。」[32]

在社會與軍事雙雙崩解的脈絡中，張岱撰述明史所面臨的挑戰之一，就是必須找出明朝由盛轉衰的時刻。張岱師法他的典範司馬遷，在《石匱書》中對歷任皇帝皆附上個人品評。張岱對早期的幾位皇帝雖多所月旦，但他後來的結論是，在西元一五七二年至一六二〇年，萬曆皇帝漫長的在位期間（時間涵蓋張岱的兒少時代），其實腐敗之跡象已初露。張岱在史書裡提到，萬曆年輕即位時國力昌盛，「英明果敢」，又有良臣輔弼，但好景不常。「迨二十年後，深居不出，百事叢挫，養成一骫骳之疾，且又貪曚無厭，礦稅內使四出虐民。譬如養癰，特未潰耳。故戊午前後地裂山崩，人妖天變，史不勝書。」如此，一個比較站得住腳的史學判斷是：「蓋我明之亡徵已見之萬曆之末季矣，乃世以其靜居無事，稱為『福王』；則世豈有一日萬幾之主，可僅僅以無事為『福』也哉！」[33]

張岱再以類似的病灶隱喻，往下推及萬曆之孫天啟。西元一六二一年至一六二七年，天啟在位期間由閹官把持朝政，張岱視為已病如膏肓。張岱寫道：「我明三百年，宦官之禍始於正統，橫於正德，復橫於天啟。正統、正德猶對口發背之症，壯年力旺，毒不能內攻，幾死復活。天啟則病在命門，精力既竭，疽發骨旋癰潰毒流，命與俱盡矣。」張岱最後說，面對如此時局，雖名醫扁鵲再世也難以起死回生，這正是何以明朝末代皇帝崇禎無能力挽頹勢。[34]

張岱以專業史家自居，他知道明朝淪亡還有諸多細節必須交代。然而在某種意義上，張岱又囿限於自己設定的架構，讓《石匱書》止於天啟七年（一六二七年）天啟皇帝駕崩之時。無論當初的理由如何完美無瑕，如今已沒有意義了；所以在鼎革之後，《石匱書》定稿最後殺青前，張岱瞭解到他唯有再寫一部《石匱書》的《後集》，分析之後的史料，才能釐清明亡的意義。自此之後，張岱兩項計畫齊頭並行，往復挪動一些材料，必要時有些章節或傳記得重複出現，雖然情況不多。

於是到《石匱書後集》，張岱總算完成明朝淪亡的剖析，認為明朝的命運與崇禎個人有關，崇禎是在一六二八年登基，迄至一六四四年自縊身亡。張岱寫道：「古來亡國之君不一，有以酒亡者，以色亡者，以暴虐亡者，以奢侈亡者，以窮兵黷武亡者。」[35]到明朝的末代皇帝連節省無度亦算在內。崇禎皇帝理應把府庫的公帑分毫用於給養軍士，以抗衡關外的滿人，清剿華北的農民叛黨，但這位皇帝卻寧可「布衣蔬食下同監門」。結果，「九邊軍士數年無餉，體無完衣」，而叛軍於崇禎十七年（一六四四年）奪占京城時，「內帑所出不知幾千百萬」。崇禎皇帝何苦不出糧出餉以提振部隊士氣，而「無不盡出以資盜糧」。崇禎皇帝的政策豈不自相矛盾，誠如張岱所言：「先帝何苦日事居積，日事節省，日事加派，日事借貸。」[36]

無論如何，一般人一一評點明代自肇建以來，歷朝諸位皇帝的能力，對第十六位，亦是末代的皇帝崇禎，總逃不掉是個亡國之君的印象。然而張岱對崇禎的性格解讀格外敏銳，他注意到崇禎夕改朝更的乖異用人方法，簡直如「奕棋」。張岱寫道，十七年之天下，無時不廣徵人才，新進官僚薦舉、山林隱士、宗室宮女寺宦、平民粗人等均在內；結果，「愈出愈奇，愈趨愈下」。張岱把這反覆無常的用人現象，歸因於崇禎皇帝杞人憂天的稅政：時常哭窮，屢屢加稅，但苛扣邊關防務、軍士糧餉，派出閹官四處搜刮額外稅負，崇禎皇帝的所做所為，無不教人認為他與他的施政同樣窮途末路。「先帝立賢無方，天下之人無所不用，及至危急存亡之秋，並無一人為之皆憂宣力，從來孤立無助之主，又莫我先帝矣！」然格外諷刺的是，「其正命殉亡，身死社稷，千秋抱痛，萬姓悲思。漢唐宋末代之君，所不能效其萬一者也」。張岱寫道，總體而論，崇禎皇帝「勤儉精神，銳意圖治，宵衣旰食，惕厲焦勞」；是環伺在皇帝四周的怠忽之人「共亡其國」，於是倒教「實是中興之令主，反為亡國之孱王」。[37]

基於這個原因，張岱的結論是，不能把亂世歸咎於像李自成的單一叛黨身上。中國之板蕩，日積月累，人人有責。譴責李自成，張岱寫道，猶如宣稱「匠石輟斧伐木」；事實上，明朝「譬猶蠹木，獻忠啄之，自成殊之，實群盜鑽穴之」。明亡又「譬猶逐鹿」，是許多人共同為之。就某種意義而言，的確是李自成成功逐鹿，但他之所以能夠如此，是因為「獻忠犄之，群盜聚踣之」。張岱又另以隱喻強調這個觀點：蜂與蠍看似給予致命的螫刺，但「蠅蛆攢溷而蜂蠆肆毒也」。張岱與其時代之人所悲痛吞下的，正是腐敗結成的苦果。[38]

註釋

1 **隱居山廟**　胡益民，《張岱評傳》，頁三五七至三五八。胡益民引為證據的詩作，見張岱著，夏咸淳點校，《張岱詩文集》，頁三十六、三五七、三九三。有關其他明朝遺民隱逸鄉野的分析，見王汎森，《晚明清初思想十論》，頁二一七至二三〇、頁二四三至二四七。

2 **饑餓**　援引自《陶庵夢憶》序文，《張岱詩文集》，頁一一〇。張岱承認他不懂調製柿子的吃法：張岱，《陶庵夢憶》，卷七，篇二；Brigitte Teboul-Wang法譯，《陶庵夢憶》，# 95，頁一二七。

3 **駭人模樣**　譯文見宇文所安，《追憶：中國古典文學中的往事再現》（*Remembrances: The Experience of the Past in Classical Chinese Literature*），頁一三四。

4 **夢憶**　張岱為《陶庵夢憶》所寫的這篇有名序文，分別收錄在該書及《張岱詩文集》，頁一一〇至一一一。該文的全文翻譯，見宇文所安，《追憶：中國古典文學中的往事再現》，頁一三四至一四五，及宇文所安補充的文章；卡發拉斯（一九九五年），頁七十一至七十二，及（二〇〇七年），頁十至十四、頁四十六幾乎全文翻譯，還附帶評論。黃衛總（Martin Huang），《文人與自我再／現：十八世紀中國小說中的自傳感受》（*Literati and Self-Re/Presentation: Autobiographical Sensibility in the Eighteenth Century Chinese Novel*），頁一〇六至一〇七，及頁一五七、註十七。Brigitte Teboul-Wang在其法譯本的導論中提出不同的假設，認為《陶庵夢憶》

直到順治十四年之後才成書，且多取材自張岱自己多方面的摘記。而根據張岱自己的說法，該書成書時間較早且隨性而作。卡發拉斯（一九九五年）及（二〇〇七年）的研究，則提出筆者所看過對《陶庵夢憶》最細膩且富洞察力的分析。

5 **報應** 筆者是援自引前述宇文所安，《追憶：中國古典文學中的往事再現》，頁一三四，及卡發拉斯（二〇〇七年），第二部的譯文（筆者嘗試折衷兩人些微不同的譯法）。

6 **舍利** 見宇文所安，《追憶：中國古典文學中的往事再現》，頁一三五的譯文。宇文所安把「舍利」翻譯為「the jewel… found in the ashes of Buddha」。

7 **陶潛** 此處對陶潛（陶淵明）的分析和引文，見海陶瑋，《陶潛的詩》。〈有會而作〉，見海陶瑋，第四十六首詩，頁一六五至一六六。張岱呼應的詩作，見《張岱詩文集》，頁二十四至二十五。〈詠貧士〉，見海陶瑋，第五十首詩，頁二〇三至二一五。張岱的七首呼應詩，見《張岱詩文集》，頁二十一至二十三。有關陳洪綬以陶潛為題的系列畫作，見劉晞儀，〈真實生活中的行動者〉，全書，特別是第三章。翁萬戈，《陳洪綬》，中卷，頁二二二至二三〇。

8 **論陶潛** 海陶瑋，《陶潛的詩》，頁二〇四，評論第五十首詩之一。《張岱詩文集》，頁二十一，詩作序文的末尾處，提及張家的居所位置。在詩文裡，張岱在第三句的明「滅」，第九句的清「颷」，都帶有一語雙關的義蘊。

9 **陶潛詩文全文** 海陶瑋，《陶潛的詩》，頁二〇三至二〇四。

10 **張岱附和的詩** 《張岱詩文集》，頁二十一。

11 **破碎家當** 《張岱詩文集》，頁二九四至二九五。

12 **快園** 搬回快園，見《張岱詩文集》，頁一，序文提到時間是在己丑（一六四九年）九月。那年陰曆九月即陽曆十月。胡益民，《張岱評傳》，頁三五九，注意到第八首詩提到「心史」，是指《石匱書》史。像快園這等的林園可能附帶的經濟效益，見柯律格，《富足之地：明代中國的園林文化》（*Fruitful Sities: Garden Culture in Ming Dynasty China*）。其他細節及張岱與祖父早年的造訪，見《張岱詩文集》，頁一八一至一八三。張岱在快園向友人陸德先開玩笑，見《張岱詩文集》，頁一八二至一八三。

13 **以家人為題** 《張岱詩文集》，頁三十一至三十二，時間為甲午年。

14 **家難** 《張岱詩文集》，頁三十三，這首詩是為二兒子而作。有關其他家人的細節，見佘德余，《張岱家世》；前揭書，頁七十六至七十七，強調後世對張岱的子弟幾乎無所知。

15 **陳夫人** 張岱為陳夫人五十壽誕所作的詩及序，見《張岱詩文集》，頁五十二。

16 **祁止祥** 張岱為祁彪佳這位兄長八十大壽所作詩，見《張岱詩文集》，頁五十九。有關祁止祥的身分，見夏咸淳編，《陶庵夢憶》，頁七十三，註一至二。張岱形容祁止祥有各種癖好，見張岱，《陶庵夢憶》，卷四，篇十四；Brigitte Teboul-Wang法譯，《陶庵夢憶》，# 60，頁八十六。

17 **談天說地** 張岱，《快園道古》。序文的不同版本，另見佘德余，《張岱家世》，頁一二五。

18 **六休居士** 張岱，《快園道古》，卷十三，頁三十九。

19 **家族傳記** 全部見《張岱詩文集》，頁二四三至二八二。

20 **作傳說明** 《張岱詩文集》，頁二五九，解釋為何傳記要擴及整個張家族人。解縉，一介文人，曾參與《永樂大典》的編纂，見《明人傳記辭典》，頁五五四至五五七。亦可參見卡發拉斯（二〇〇七年），頁五十二。

21 **嗜癖** 《張岱詩文集》，頁二六七。張岱先前對祁止祥的追憶，使用過同樣的句子。見張岱，《陶庵夢憶》，卷四，篇十四；Brigitte Teboul-Wang法譯，《陶庵夢憶》，＃60，頁八十六。

22 **張家一門** 《張岱詩文集》，頁二四三。見倪豪士，《印地安那傳統中國文學指南》，頁五四三至五四五，以及《明人傳記辭典》，頁八四一至八四五，論李夢陽（李崆峒）；倪豪士，前揭書，頁三六九至三七〇，以及《明人傳記辭典》，頁四〇八至四〇九，論鍾惺（鍾伯敬）。兩資料來源皆未提到張岱所說的這兩本書。

23 **傳記時序** 《張岱詩文集》，頁二四四。《石匱書》與家傳這兩個計畫在時間上是如此相近，在某些部分，張岱當然可能彼此套用資料，而令讀者難以辨別何者為主，何者為附。

24 **張岱與厲之人** 《張岱詩文集》，頁二四三至二四四。這段原出自莊子。見莊子著，華茲生譯，《莊子全集》，第十二章，頁一四〇。

25 陶潛與厲之人　海陶瑋，《陶潛的詩》，頁三十五，第九首詩，〈命子〉。不像華玆生，海陶瑋說兒子的父親才是痲瘋病人。溫洪隆注釋，《新譯陶淵明集》，並未提到性別的解釋，頁三十三、三十七至三十八。

26 以授諸子　《張岱詩文集》，頁二六七。筆者以「fundamental nature」翻譯中文的「渾樸」。

27 自輓詩　陶潛的三首自輓詩，見海陶瑋，《陶潛的詩》，頁二四八至二五四。

28 石匱　見卜正民，《為權力祈禱：佛教與晚明中國士紳社會的形成》，頁四十一。

29 石匱書史　《張岱詩文集》，頁九九至一〇〇。就如同《陶庵夢憶》的序文，《石匱書》自序也是分開刊行。

30 為史者　援引自張岱《石匱書》自序，《張岱詩文集》，頁九九至一〇〇。這段文字的譯文，見卡發拉斯，〈關鍵之事〉，頁五十九至六十，及卡發拉斯（二〇〇七年），頁一八七。有關王世貞的分析，見哈孟德（Kenneth Hammond），〈頹廢的聖杯：晚明政治文化的批判〉（The Decadent Chalice: A Critique of Late Ming Political Culture）。根據張岱的說法，力勸蘇軾的有歐陽修和王安石。

31 司馬遷　見華玆生為司馬遷著《史記》所寫的導論。

32 江西之役　包括張岱自己的評論，見《石匱書後集》，頁三七九（卷四十六）。有關張岱的族弟張登子，見胡益民，《張岱評傳》，頁三六〇。江西之訪，亦可參考卜正民，《為權力祈禱：佛教與晚明中國士紳社會的形成》，頁五十。

33 **論萬曆** 《石匱書》，重印本，卷三一八，頁一九二。有關萬曆的性格和怠政，可參考黃仁宇，《萬曆十五年》，第一章。

34 **明朝病入膏肓** 張岱，《石匱書》（重印本，卷三一八），頁二〇八，評論熹宗（天啟皇帝）。這段也提到正統、正德兩位皇帝。名醫列傳：張岱，《石匱書》（重印本，卷三一八），頁二〇八。張岱提到的是即使莊烈皇帝（崇禎謚）如扁鵲，扁鵲即中國古代名醫。

35 **亡國之君** 《石匱書後集》，頁五十八。

36 **徒勞之策** 《石匱書後集》，頁五十八。

37 **崇禎的問題** 張岱長篇大論的分析，見《石匱書後集》，頁五十九。在前揭書，頁七十一，對〈福王世家〉的評點，張岱亦附加對崇禎的評論。

38 **腐敗苦果** 見張岱在〈中原群盜列傳〉的總論，《石匱書後集》，頁四九三。

第九章

寄諸石匱傳後世

張岱歸返龍山，寓居快園著述立說，然而親情並未更雍睦：

大兒走四方，僅可糊其口。
次兒名讀書，清饞只好酒。
三兒惟嬉遊，性命在朋友。
四兒好志氣，大言不忸怩。
二穉更善啼，牽衣索菱藕。
老人筋力衰，知有來年否。[1]

張岱又在陶淵明的詩文尋得共鳴。陶淵明那首〈責子〉詩是詩中逸品，「總不好紙筆」，陶淵明如是悲歎五個兒子不能痛改前非。陶淵明自道諸子懶惰至極，不成器，他只好多進杯中物了。[2]

張岱的長子、次子雖遊蕩閒散，總不失為讀書人。順治十一年（一六五四年），他們還打算到杭州參加鄉試。張岱記述，曾為激戰之處的江西，當地許多學子仍拒赴科考，以表達對滿清的敵視；然而，張岱顯然不認為這樣的抗拒有何意義，所以讓兒子自己決定。兒子終究沒考上，不過他們追求功名的企圖把父親帶回魂牽夢繫的杭州。張岱自崇禎十六年（一六四三年）明亡之前一年，就不曾親睹杭州西湖了。

這次遊歷卻令人心碎。張岱二十幾歲時誇言西湖教人樂而忘憂，教人思慮澄明，如戳身上瘡或拔肉中刺。如今張岱五十八歲了，發覺西湖令人不堪回首。在晚年輯成的《西湖夢尋》序文中，張岱回想重訪夙昔勝景時的震驚，百感交集。「余生不辰，闊別西湖二十八載，然西湖無日不入吾夢中，而夢中之西湖，實未嘗一日別余也。前甲午、丁酉，兩至西湖，如涌金門商氏之樓外樓，祁氏之偶居，錢氏、余氏之別墅，及余家之寄園，一帶湖莊，僅存瓦礫。則是余夢中所有者，反為西湖所無。及至斷橋一望，凡昔日之弱柳夭桃，歌樓舞榭，如洪水淹沒，百不存一矣。」

「余乃急急走避，謂余為西湖而來，今所見若此，反不如保我夢中之西湖尚得安全無恙也。因想余夢與李供奉（李白）異，供奉之夢天姥也，如神女名姝，夢所未見，其夢也幻。余之夢西湖也，如家園眷屬，夢所故有，其夢也真。」

「今余僦居他氏已二十三載，夢中猶在故居。舊役小傒，今已白頭，夢中仍是總角。」

如是之夢乃張岱的啞謎：「夙昔未除，故態難脫，而今而後，余但向蝶庵岑寂，蘧榻於徐，惟吾樓夢是保，一派西湖景色，猶端然未動也。兒曹詰問，偶為言之，總是夢中說夢，非魘即囈也。」[3]

夢中之物或許確鑿，但在說夢時總會有某些東西佚失。張岱說他猶如山中人自海上返鄉（他講到表演時也曾用相同意象），欲與人分享所見之奇觀、所嘗之珍饈，誠云「鄉人競來共舐其眼」，然美味不復存在，「則舐眼亦何救其饞哉？」[4]

縱然兒子的表現讓張岱失望，他曾樂於冶遊的杭州山水也面目全非，他還是在順治十四年（一六五七年）回到杭州。這回張岱是應甫就任的浙江提督學政谷應泰之邀。谷應泰在清入關後取得進士，官運亨通。順治十三年（一六五六年）夏，谷應泰帶著共計八十卷、幾乎完稿的《明史紀事本末》前往杭州。谷應泰於西湖畔建有著書處，讓自己得以完成編史計畫，他知道張岱專精明史，力邀他共同纂修。張岱在這一整年都與谷應泰共事修史，而接受這份工作想必解決他捉襟見肘的窘境。谷應泰傾慕張岱的學識，他在自撰的《明史紀事本末》裡，有相關章節大量引自《石匱書》。[5]

修史不僅給張岱帶來額外收入，也讓他有管道接觸谷應泰蒐羅的崇禎朝《邸報》——

崇禎朝國史的草稿。張岱一眼即知《邸報》彌足珍貴，其中每週記載明亡前崇禎朝的政務。張岱在族祖張汝方的傳記曾提到，汝方在報房工作達二十年之久。張岱在完成《石匱書》前，即利用這無價的《邸報》史料，強化《石匱書》細節的鋪陳，並著手撰寫後集，以涵蓋一六二八年到一六四〇年代末這段大明王朝的尾聲。順治十五年初，谷應泰的計畫告成，《石匱書後集》的修撰持續進行，並完成了數卷，張岱時年六十一，回到快園和紹興家中。餘後六年，張岱按部就班，進行這項宏大計畫，康熙三年（一六六四年）可視為《石匱書》竣工之時，張岱仍繼續潛心撰寫《石匱書後集》。

根據張岱自陳，他從一六二八年著手編纂明史，此時崇禎皇帝甫登基，是以早在明亡之前，張岱對於歷史已有定論——由於撰述之時明朝仍在，對於何者能說，何者不能說，時而秉筆直書，時而有所隱諱。不過，縱因焦點轉移而衍生種種問題，《石匱書》還是為一三六八至一六二七年間治理中國的十五位皇帝，勾勒引人入勝的全貌：他們對權力與篡位的態度，邊疆與對外政策，令人折服的戰術與迂腐不化的戰略，稅賦與軍費的難題，傑出的藝術天分與宏偉的宮殿營造計畫。

吾人可從字裡行間窺知，張岱撰述明代各朝時態度謹慎：一個明顯的例子是一四〇二年永樂篡位；朱元璋傳帝位於建文帝，而永樂帝是建文帝之叔。張岱字斟句酌，從中可見朝廷對莽撞論斷的報復令史家噤若寒蟬。所以，論及永樂「尚有武未盡善之疑」，「於後世夫拘攣之行豈所以論上聖之主哉」。至於遭篡位的建文帝，張岱把他置於中國歷來同遭篡奪天命之人的脈絡：「殉國千古罕儷，拊心腐筆而已。嗚呼！此非臣之所得言也。」[6]唯有在連番痛陳一五七二至一六二七年三朝兩位君王之顢頇時（萬曆至天啟年間），才能從《石匱書》看出明朝淪亡後，確實影響了張岱對所處朝代弱點（偶爾也有優點）的遣詞用字。

張岱心中有數，各類歷史自有其難題；張岱寫道，「國史失誣」，「家史失諛」，而第三類歷史——即所謂「野史」——往往「失臆」。[7]然而，是否還能找到架構歷史的原則，將張家人納進國史洪流之中，而又不失其特立獨行與內在本性？張岱踵繼司馬遷的典範，採尖銳精要的評論，避免阿諛奉承的問題；同時，順治八年（一六五一年）即成書的非正式家傳，當時流露的過度情感，也要收斂起來。

身為史家，張岱當然必須決定要給自家人多少篇幅，然而張家確實不乏非凡之士，所以無怪乎《石匱書》的列傳部分，還是有內舉不避親的味道。譬如，張岱就認為曾祖張文恭（張元忭）在明代道學有其重要地位。在這篇不算短的傳記中，張岱關注的主要是張文恭在晚明政論的詭譎世界中，抱持何哲學旨趣，然而通篇彰顯的反而是張文恭的清高人品：「古貌魁然，嶽嶽負意氣」，熱中探索道德議題，年輕時就服膺明代大儒王陽明的良知之學。張岱在傳記裡沒有記下太多細節，僅提到高祖張天復在西南戰事得罪當道而捲入訟獄，此時張文恭展現無比勇氣，為其父申冤。

張岱不厭其煩地記下張文恭的為人處事：「庚午游太學，明年舉南宮射策，賜第一甲第一人，授翰林修撰。自以遭逢聖明釋蹻取上第，凜凜期有以自樹。」張文恭的方法很簡單，張岱繼續說道：「日橐筆守官下，蒐羅金匱憲典而研究之。詞林故清，署第雍容，以文墨自高。稍涉事，輒引代庖為解，乃獨聚徒講求世務。人才相與籍記之，戶外屨嘗滿；每抵掌，論天下事不為首鼠兩端。」

張岱下筆謹慎，用字精妙，勾勒張文恭秉承儒學偉大傳統的形象：張文恭重實踐，輕空談，然而父親在雲南遭到妒才的貪官構陷，無法為父昭雪，擊垮了張文恭。平反失敗挫傷了他的自尊，自覺愧為人子，最後抑鬱而終。張岱記述張文恭臨終弟子隨侍在側的情景，張文恭突然數度口呼「陛下」，然後喃喃說道「朝廷亦多有人」。張岱在最後不經意犯了錯誤——如果這算是錯誤的話——兩度稱已故的文恭為「先子」，而不像其他史家以名諱來稱自己的族人。張岱在文恭的傳記末尾處下了一個總結：「陽明之學，失則禪乘，先子其一砥之矣。」[8]

張岱把高祖張天復事蹟置於文恭傳記的開頭，並在結尾處又為祖父張汝霖留下篇幅。而為曾祖張文恭同門好友鄧以讚立傳時，行文一、兩頁後，又讓張汝霖現身，這回他所占的篇幅更長；此乃書寫技巧的佳例，修史者鋪陳內容時，間或論及自家人。在《石匱書》

的鄧以讚傳中，張岱就穿插了一段軼事。張文恭辭世後，鄧以讚時而造訪紹興，有一回還質疑張汝霖的學問。鄧以讚責難張汝霖不肖，蹉跎時光，沒想到張汝霖以論語之說為題，洋洋灑灑寫就一篇斐然文章，回敬鄧以讚的批評，教鄧以讚擊節稱快，說這年輕人豈止科場功名而已，必然能光耀張家門楣。張岱在說完此事之後，隨即在結尾處又提到張汝霖應考鄉試，列名第六。翌年，張汝霖前往京師，會試及第。9

《石匱書》還旁及張家其他族人和交遊。在篇幅較短的〈妙藝列傳〉，張岱收錄了仲叔張聯芳的小傳，盛讚他作為收藏家、畫家的博大與才華。張岱是這麼說的：「少精畫理，以舅氏朱石門多藏古畫，朝夕觀摩，弱冠時即馳名畫苑。」張岱尤其稱頌張聯芳的長幀大幅，技藝超絕，「氣韻生動」，認為他的造詣甚至超越元朝的山水畫大師。張岱引述晚明知名畫家董其昌讚美張聯芳之詞：「胸中讀萬卷書，腳下行萬里路，襟懷超曠自然。」張岱在結尾處順便介紹了陳洪綬，稱他身為張聯芳的女婿，畫風與技巧頗得其真髓。10

或許，對張岱而言，把陳洪綬納入《石匱書．妙藝列傳》是再自然不過了。陳洪綬卒於順治九年（一六五二年），一度效命魯王，也曾削髮為僧，最後以畫家之姿爆發狂放的能量，在十一天內創作了四十二幅畫，令人歎為觀止，其中一幀以陶淵明詩作為題，描繪他貪得杯中物。陳洪綬的傳記篇幅雖短，讀來仍知張岱對陳洪綬知之甚稔。張岱載述陳洪綬效命魯王，擅繪山水花卉、仙佛鬼怪，畫筆奇絕，最後直言老友的藝術生涯：「畫雖近人，已享重價，然其為人佻傝，不事生產，死無以殮。自題其像曰：『浪得虛名，窮鬼見誚，國亡不死，不忠不孝。』」以這種方式向老友告別並不尋常：探其原委，或許是到了順治七年（一六五〇年），陳洪綬終究卸下效忠明朝的偽裝，投靠新朝權貴的門下。[11]

其他（有時並不明顯）與張岱過去或先前嗜好有關的事物，也都收錄在這部巨著。譬如，在天文志中可看出張岱對利瑪竇的興趣是被祖父張汝霖所挑起的。張岱提到利瑪竇與幾位明代的曆法家一同共事，但利瑪竇對中國科學的影響有限，原因在於「欽天監靈臺保章諸官以為外夷而輕視之，遂與之鑿枘不入，故終利瑪竇之身，而不得究其用，則是西學雖精，而法以人廢也」。[12]

康熙三年（一六六四年），張岱終於完成《石匱書》，全書篇幅凡兩百五十萬字，上起洪武肇基，下迄天啟崩殂（一三六〇年代至一六二七年）。《石匱書後集》依序提到幾位皇帝與南明諸王的史實梗概，只有二十餘年，篇幅自然較短。不過由於內容幾乎遍及朝廷治理的各個面向，上自天文曆法，下至經世濟民，舉凡《石匱書》涉及的層面全都統攝其內，且張岱臚列的列傳共計五十六卷，內容細密又繁複，《石匱書後集》最終完稿時仍約有五十萬字。張岱整部明史共計三百萬字。[13]

康熙八年（一六六九年，或許稍晚），張岱特就修史一事致書好友，自道終能心平氣和看待過去，置諸度外、平靜觀察史事。「心如止水秦銅，並不自立意見。故下筆描繪，妍媸自見，敢言刻畫，亦就物肖形而已。」[14]事實上，身為史學家，張岱對幾乎將自己摧毀的過往，一直是個感情豐富的見證者。尤其《石匱書後集》各篇皆有論贊列於文末（有時則在開篇處綜述全篇題旨），有意師法司馬遷精闢扼要、富道德洞察力的神韻——張岱認為這正是太史公獨到之處。

張岱花了不少筆墨在《石匱書後集》追咎明亡之責，對身陷此危機的諸位人物一一評價。根據張岱的解釋，崇禎皇帝稱得上正派之人，卻因先帝庸碌，自己又無法運用既有資源，開創新局，導致頹勢難以扭轉。崇禎既可憐、又可恨。不過，對於在順治元年底、二年初短暫偏安南京的福王，張岱則是深不以為然，更以史學評斷，拒納福王於本紀；張岱評論福王既「昏聵」又「魯莽」，起用天下至惡奸臣把持小朝廷，是以「僅列世家，不入本紀」。福王就像是以砒藥毒虎之人，「不知己之食砒先，自潰裂」。[15]

至於短暫在紹興監國，爾後多年亡命在外，卻「薄曉琴書」的魯王，該給予什麼評價？魯王除早年貪圖逸樂，並無其他明顯特點。張岱基於自己短暫隨侍魯王的經驗論道：「魯王見一人，則倚為心膂；聞一言，則信若蓍龜：實意虛心，人人嚮用。乃其轉盼則又不然；見後人，則前人棄若弁毛；聞後言，則前言視為冰炭。及至後來，有多人而卒不得一人之用。聞多言而卒不得一言之用。附疏滿廷，終成孤寡，乘桴一去，散若浮萍，無柁之舟，隨風飄盪，無所終薄矣。魯王之智，不若一舟師，可與共圖大事哉。」[16]

在如是納賄、貪婪、昏聵的氣氛裡，像方國安這類軍閥反而迅速篡起擅權。方國安個人雖給張岱與家人帶來不幸，張岱對他的描述卻出奇公允，雖然開場聽來略為刺耳：「方國安，字磐石，浙江諸暨人。少無賴，逐樗蒲、淫酒，使氣搏人，里不齒類。至私牽其族人耕牛貿之，為牛主所覺，於是族人共逐之，不令即祖祠。國安野走從軍，隸寧南侯左良玉下……自卒伍起，歷管軍。」

在簡述自崇禎十二年（一六四〇年）起，方國安在倥傯十年間所參與的戰役之後，張岱提出對此人的評價：「國安不識字，凡有移會，使人旁讀之，所改竄多合文理。當至危不懼，談笑自若，賞罰嚴，常懸大金使人。上卮酒為壽不惜也。犯者副將以下不假進，以奇計率不解，其卒工對搏，而走險擊虛諸法。無所事尚氣，故其部傲不下人。」[17]

張岱須決定《石匱書》要納入多少親友事蹟，《石匱書後集》也是如此。張岱並沒有刻意為之，而是在《石匱書後集．妙藝列傳》重複二叔張聯芳與陳洪綬在《石匱書》的簡要列傳。（事實上，有可能是張岱最初為《石匱書後集》撰寫這兩人的列傳之後，才決定也穿插在《石匱書》中。）[18]同時，張岱也在變節奸臣馬士英的列傳，穿插他以布衣身分給魯王的上書。而在描述江西殉國者的列傳中，張岱總結時提到他曾親訪遭兵燹蹂躪的江西，並訪訊當地遺老。

張岱在《石匱書後集》的評論，時常感情澎湃，且發自個人的經驗——這不僅出現在一六四〇年代、一六五〇年代兵禍連天期間有關殉國者和抵抗者的列傳，同樣亦可見諸〈文苑列傳〉。在〈文苑列傳〉裡，張岱呼應了他在《夜航船》的想法，指出當世許多知名文人，只是「藝林淵藪」，「為文不靈」，與「經笥書廚」無異，遠非作家，因為他們皆「食生不化，亦未見其長」。張岱嘲諷，有明一代，秀異文人皆科甲出身；為求平衡，張岱說他寧可把至少一半的篇幅留給「寒士」，以永遠昭示文章「非資格科名所能限量者也」。[19]

在鋪陳戰爭及朝代淪亡的全貌中，張岱企盼能闡釋各類人的生活樣態——朝廷的叛變者和擁護者，殉國者、勇士和變節者，女人和男人，販夫走卒和冠蓋之士，畫家和閹官，而忠貞思想的意義和重要性一直是貫穿其間的要旨。在〈甲申（一六四四年）死難列傳〉的總論裡，張岱試圖探索忠義與死殉的分野，而這個議題初見《古今義烈傳》的自序，該書成於天啟年間。如今，張岱又以不同的措辭表述：「若人也，於死而無媿色，若人也，於死而有媿色；猶之烈婦人以身殉節，擱然曰：余拚一死；淫婦人以身殉淫，亦擱然曰：余拚一死。死則無異，其所以處死者，則有異也。」張岱又以不同的譬喻：「救火者死於火，搶火者亦死於火，二者同死於火，不可謂搶火之死與救火之死同其一死也。」張岱認為，厄亂年代的臣僚不啻為搶火者：「無奈居官者，一當職守，便如燕人之視越；遍地烽煙，皆謂不干己事。及至火燎其室，玉石俱焚，撲燈之蛾與處堂之燕，皆成灰燼；則烈皇帝（崇禎）殉難諸臣，以區區一死，遂可以塞責乎哉？」[20]

再者，究竟是什麼原因，促使他們為昏聵荒淫的福王，或不幸的魯王以身殉難？他們的殉死，是否顧全國家大義所需與個人對忠義的界定？或者，這些殉死者反而猶如婦人「嫁兇酒撒潑之夫，以沉湎昏聵而笞逐其妻妾，乃妻妾不以為惜，而當其喪亡之日，猶欲為守節殉亡，則與彼情深伉儷，而願為之比翼連理者，不更難之難哉？」[21]

很難相信張岱寫這些文字時，心裡頭沒想到好友祁彪佳。雖然他在《石匱書後集》替祁彪佳寫的傳，篇幅既長又多表肯定，但最後總評仍舊是下筆力求無私。祁彪佳多年前自沉時，當晚曾書詩一首留予家人，提到明朝既亡，他只剩兩條路可走：一是號召強大的反抗勢力，為漢人收復華夏河山；一是自裁，以示對故主的效忠，以免教祖先和子孫蒙羞。要奪回失去的江山恐怕要花上好幾輩子，然而另一條路只在一念之間。祁彪佳寫道：

圖功其爲難，
潔身爲其易。
吾爲其易者，
聊在潔身志。

祁彪佳說他個人生死實無足輕重，無論他是否再為明朝效命十五年，本質上又有何異。所以，對祁彪佳而言，如何抉擇再清楚不過了：

含笑入九泉，
浩然留天地。[22]

逃亡的幾年當中，張岱曾寫過一首詩回應亡友，這首詩正是在反駁祁彪佳認為只有兩條路可走的邏輯：

烈女與忠臣，事一不事二。
掩襲知不久，而有破竹勢。
余曾細細想，一死誠不易。[23]

祁彪佳的主張是，現在或十五年後再死，終究在道德層面上差異不大。但張岱卻認為，如果一個人因為多活幾年，有更多時間尋思良方，死於何時就太重要了。

此後到《石匱書後集》，張岱感覺有必要把話說清楚說完；當然這樣說並不容易，但張岱仍認為祁彪佳以身殉國，尤其是為福王或爾後覬覦王位的無用之人，實非義行，然其舉仍正氣凜然，足堪表率：「嗟乎，祁中丞之死而名之曰忠，則可及也。名之曰敏，則不可及也。蓋處中丞之地無一可死，乃時事致此萬不可為。明眼人視之，除一死別無他法。凡中丞之忠孝節義，皆中丞之聰明知慧所倉皇而急就之者也。」祁彪佳能受人景仰，名列聖賢，張岱的明晰論斷與折服之力實功不可沒。[24]

隨著明朝走入歷史的想法流傳開來，除了一些堅定信奉的人仍不改其心，對反清復明大業終成的期待形同煙消雲散。順治十六年（一六五九年），支持舊政權的人集結欲收復南京，雖然得到仕紳、農民等社會力量的奧援，這群亂黨終告失敗。最後一位自行僭稱帝號的南明藩王，日暮途窮，於康熙元年（一六六二年）在緬甸邊境遭親滿的軍隊殺害。順治二年（一六四五年）曾在張家作客豪飲的魯王，自逃離紹興後即在沿海居無定所，同於順治十六年死於金門島。一年後，即康熙二年（一六六三年），小張岱十歲的堂弟張培生病沒多久即去世，年僅五十六歲。張培是張岱六叔的兒子，是能用想像力操兵的盲醫。張岱曾說，張培的死來得突然，令人措手不及：「以暴下之疾，遂至不起。」他如今是張家輩分最高者，於是幫張培主祭、寫祭文，他把張培與另一位他熟知的盲學者兩相比照，同樣是才華過人但只能清苦避世。張岱最記得張培的，就是他令人驚歎的機敏與活活潑潑的樣子。[25]

雖然康熙二、三年間（一六六三、六四年）張岱剛完成了《石匱書》，史筆也開始受谷應泰與其他文人公開肯定[26]，然而寫的詩卻透著前所未有的蒼涼，詩中描述自己尚得挑起一家三餐溫飽的重擔。張岱助谷應泰修史應有一定的報酬，但我們看不出張家在紹興的生活，有比四處飄零時優渥。其中有幾首大致成於張培去世之時，張岱語帶挖苦，述說自己的愚行——連夜挑糞灌溉，拯救枯萎的茄樹、南瓜，或者嫉妒鄰人桑樹枝葉繁茂能養蠶。張岱在庭園打轉，環顧幾乎枯槁的樹，束手無策只能自問：「學問與經濟，到此何所施。」[27]

張岱有些詩還是不脫田園詩的傳統框架，失落、果報也是他筆下經常出現的主題。不過，有時張岱也會有破格之舉，僅是寫實為之。他有一首詩，詩中說自己年已六十有七，可以推斷這首詩成於康熙二年左右（一六六三年）。張岱在詩的第三句引出梁鴻這個人，使全詩讀來特別令人感傷。梁鴻是早陶淵明一世紀的名詩人，因家無恆產，被迫舂米維生。梁鴻的妻子出身富室之家，卻能在困頓的歲月和梁鴻同甘共苦，不離不棄隨侍在側。張岱把這首詩命名為〈舂米〉：

身任杵臼勞，百杵兩歇息。上念梁鴻才，以助縛雞力。余生鐘鼎家，向不知稼穡。米在囷廩中，百口叢我食。婢僕數十人，殷勤伺我側。舉案進饔飧，庖人望顏色。喜則各欣然，怒則長戚戚。今皆辭我去，在百不存一。諸兒走四方，膝下皆哇泣。市米得數升，兒飢催煮急。老人負舂來，舂米敢遲刻？連下數十舂，氣喘不能吸。自恨少年時，杵臼全不識。因念犬馬齒，今年六十七。在世爲廢人，賃舂非吾職。膂力詎能加？舉杵惟於邑。回顧小兒曹，勞苦政當習。28

其實張岱幾年前就寫過另一首詩，提到他身邊的這些侍妾，沒一個像梁鴻的妻子如此優雅自持：

二妾老如猿，僅可操井臼。呼米又呼柴，日作獅子吼。日出不得哺，未明先起走。如是十一年，言之祇自醜。29

或許是堂弟張培的驟逝，令張岱興起撰寫他稱為〈自為墓誌銘〉的念頭，該文成於康熙四年（一六六五年）。張岱很清楚，墓誌銘有其神聖性，不只他推崇的陶淵明寫過，曾祖張文恭好友徐渭也有一篇傳世。張岱在墓誌銘提及他決定動筆的來龍去脈：「甲申（崇禎十七年，一六四四年）以後，悠悠忽忽，既不能覓死，又不能聊生，白髮婆娑，猶視息人世。恐一旦溘先朝露，與草木同腐，因思古人如王無功（王績）、陶靖節（陶淵明）、徐文長（徐渭）皆自作墓銘，余亦效顰為之。甫構思，覺人與文俱不佳，輟筆者再。雖然，第言吾之癖錯，則亦可傳也已。」[30]

張岱的破題，雖然跟他大部分談自己的文章一樣，採第三人稱的筆法勾勒，但他一一數落自己不是的呈現方式，既抒情又有想像力。在這篇墓誌銘，張岱開頭就寫：「蜀人張岱，陶庵其號也。少為紈褲子弟，極愛繁華，好精舍，好美婢，好孌童，好鮮衣，好美食，好駿馬，好華燈，好煙火，好梨園，好鼓吹，好花鳥，兼以茶淫橘虐（圍棋），書蠹詩魔，勞碌半生，皆成夢幻。」[31]對照少年時光，張岱述及往後歲月，仍下筆如寫他人：「年至五十，國破家亡，避跡山居。所幸存者，破床破几，折鼎病琴與殘書數帙，缺硯一方而已。布衣疏莨，常至斷炊。回首二十年前，真如隔世。」

張岱繼續說，偶一反省自身，就覺得自己活在七不可解之中：「向以韋布而上擬公侯，今以世家而下同乞丐，如此則貴賤紊矣，不可解一。產不及中人，而欲齊驅金谷（晉代石崇所建的奢華園邸），世頗多捷徑，而獨株守於陵（古代隱士陳仲子所居之所），如此則貧富舛矣，不可解二。以書生而踐戎馬之場，以將軍而翻文章之府，如此則文武錯矣，不可解三。上陪玉皇大帝而不諂，下陪悲田院（救濟院）乞兒而不驕，如此則尊卑溷矣，不可解四。弱則唾面而肯自乾，強則單騎而能赴敵，如此則寬猛背矣，不可解五。奪利爭名，甘居人後，觀場游戲，肯讓人先，如此則緩急謬矣，不可解六。博奕樗蒲（古之賭博遊戲），則不知勝負，啜茶嘗水，是能辨澠淄，如此則智愚雜矣，不可解七。」[32]

張岱寫道，該如何解開這種種不可解，任人為之。至於他自己，他倒挺樂意保留這些前後矛盾的特質，反正他幾乎是無一事不敗，學書不成，學劍不成，學節義不成，學仙學佛不成，學文章不成，學農學圃，俱不成。

然而出於某種與生俱來的傲氣，張岱還是一一列出他已完成的所有著述。開頭列的是《石匱書》與張家人物傳記《張氏家譜》，當然也有其他幾部傑出歷史人物列傳的著作，以及對四書與《易經》等的研究。還有成書於順治三年（一六四六年）的《陶庵夢憶》，與尚在撰寫的《西湖夢尋》亦入內。張岱總共臚列了十五本書，其中多數尚為初稿，惟《古今義烈傳》一書已刊刻印行。

在墓誌銘結尾處，張岱突然改以第一人稱行文。他有些離題，提到童年的健康問題，以及少年時在文字和對子的早慧，然後才言歸正傳，談自己的身後事：「曾營生壙（生前預造的墓穴）於項王里之雞頭山，友人李研齋題其壙曰：『嗚呼有明著述鴻儒陶庵張長公之壙。』伯鸞（梁鴻之字）高士，冢近要離（春秋時代的刺客），余故有取於項里也。明年，年躋七十，死與葬其日月尚不知也，故不書。」[33]

然而張岱並無父親張耀芳的預言本領，死亡並未接踵而至。他反倒繼續撰述、鑽研治史之道。隨著材料的加入，《石匱書後集》的篇幅愈來愈長，也讓他小心提防對其思想控制的對象，已從明移換成清。雖然對張岱來說，談晚明的亂臣賊子與帝王昏庸無能已不是禁忌，不過一旦處理到引領清軍逐鹿中原或燒殺擄掠的人，他還是得處處小心謹慎，即便是列入目錄，有些較富爭議性的人物始終是付之闕如，因為實在是太危險了。[34]張岱很愛修潤文章，會不斷修改如《西湖夢尋》的手稿，四書與《夜航船》的注疏；納入明朝史料、更新《史闕》，連以前寫好的《明季史闕》也要增添新章節。

明亡時第一本寫的集子《陶庵夢憶》，張岱當然也沒忘，並在康熙十三年（一六七四年）七十八歲時，為該書重作新序。開頭像是一紙放棄聲明：「陶庵老人著作等身，其自信者尤在《石匱》一書。茲編載方言巷咏、嘻笑瑣屑之事。然略經點染便成至文，讀者如歷山川，如睹風俗，如瞻宮闕宗廟之麗，殆與〈采薇〉、〈麥秀〉同其感慨而出之以詼諧者歟？老人少工帖括，不欲以諸生名。大江以南，凡黃冠、劍客、緇衣、伶工，畢聚其廬。」

「且遭時太平，海內晏安，老人家龍阜，有園亭池沼之勝，木奴、秫梗，歲入緡以千計，以故鬥雞、臂鷹、六博、蹴踘、彈琴、劈玩諸技，老人亦靡不為。今已矣，三十年來，杜門謝客，客亦漸辭老人去。間策杖入市，人有不識其姓氏者，老人輒自喜，遂更名曰蝶庵，又曰石公。」

「其所著《石匱書》，埋之瑯嬛山中，所見《夢憶》一卷，為序而藏之。」[35]

多年來，張岱把隨文都收錄在《瑯嬛文集》一書中。他曾在一篇短文寫道，瑯嬛乃「福地」，幾百年前由一位晉朝書生發現。張岱當然知道，自從五世紀陶淵明寫下著名的〈桃花源記〉[36]以來，這種無意間發現不為人知的隱僻天地，從此盤據在中國人的感性世界。陶淵明在文中提到有個捕魚人，沿著蜿蜒溪流而行，忽然置身於桃花林之中，落英繽紛。隨著溪流窄縮，看見山巖有一裂隙縫，勉強穿越，發現自己處在靜謐、詳和的平曠之境，稼穡茂盛，家家怡然自樂。當地人款款相待，說先世為避秦朝統一天下的兵燹之禍而遁世此地，幾代以來過著悠然生活，不知外面世界的王朝更迭。他們悉心款待漁人，歎惋細聽漁人的見聞。然而漁人辭別時，沒有人要隨他同行，僅要求不要向外人道出行蹤。漁人對此置之不理，還刻意留下石頭處處標記入口，急向太守稟告此事。太守雖即刻派人前往尋訪，但除發現沿途標誌，再找不著返回山谷的路。

張岱曾為文評論陶淵明的〈桃花源記〉，他認為如此的空間敘述實在少見，它超脫所有時間的形式類型。世上別的地方都依循著曆法、周期、朝代、冬夏季與節慶而行，獨桃花源的人「有寒暑而無冬夏，有稼穡而無春秋；以無曆，故無歲時伏臘之擾，無王稅催科之苦」。[37]張岱的意思不是桃花源的人也要照外在世界的曆法才行，反而是認為如果外在世界能像桃花源那樣不知日月，根據生死的自然律動過活，一切將會更美好。

儘管對桃花源豁達、無拘無束的世界多所讚賞，不過他自己勾勒「瑯嬛福地」卻完全採取不同的立場。張岱的筆下也有一迷途之人，不過他是書生，不是漁人；而且這位書生發現的不是落英繽紛的溪流，無憂無慮的農村，而是在石上打盹、憤世嫉俗的隱士。書生在一番寒喧後，跟隱士吹噓，除晚近二十年的書，無一不曾閱覽。隱士微笑無言，打開石壁下的暗門，帶著書生走進一間又一間的密室，裡頭盡蒐天下各國與歷代著作。其中一間，典藏的全是未曾聽聞的卷冊，還有一間則是中國與世界諸國的歷史、地誌。最後他們來到一扇更厚重的門，旁有兩隻大犬看守，上有署篆「瑯嬛福地」，書生入內發現所藏之書「皆秦漢以前及海外諸國事，多所未聞」。在汗牛充欄的福地遊歷一遭後，隱士拿出「鮮潔」的酒菜盡地主之誼，臨踏出石門前，書生言明：「異日裹糧再訪，縱觀全書。」然隱士僅淡淡一笑，等書生甫出，石門便砰然闔上了。書生回頭仔細尋找入口處，一無所獲：「但見薺草藤蘿，遶石而生。」[38]

這是個自古流傳下來的故事，所以祖父第一次帶著幼年張岱到快園時，才會以「瑯嬛福地」形容。[39]等到他避居山中，回憶如漩渦翻攪，開始從中理出頭緒寫《陶庵夢憶》，從此這四個字成為張岱個人心靈的寄託之所：「陶庵夢有宿因，常夢至一石厂，崢窅巖厓，前有急湍迴溪，水落如雪，松石奇古，雜以名花。夢坐其中，童子進茗果，積滿書架，開卷視之，多蝌蚪、鳥迹、霹靂篆文，夢中讀之，似能通其棘澀。閒居無事，夜輒夢之，醒後佇思，欲得一勝地彷彿為之。」[40]

張岱說，這是他心目中的清修之地。空間清幽，井然有序，樹木蓊鬱。有流水、小丘、花草，有曲徑通往溪澗。亭閣可眺望群峰。也會有一匾額，題曰「瑯嬛福地」。旁為草庵一間，碑上寫著是張岱之墓穴，鄰近寺院的僧人會來到庵裡，幫張岱奉香火。這裡有書齋，幽然「前臨大沼，秋水明瑟，深柳讀書」。小河蜿蜒，得取舟楫入池沼徜徉，至於大河，則能續往北行。

欲緣河北走遠行，必先經過一座跨河之橋。石橋極古樸，上有灌木以為蔭涼。興致一來，便能至橋上停泊，小憩樹蔭片刻，聽風聲濤濤。他在樹下任風吹拂，紅塵羈絆盡脫，與明月相伴依偎。

有關張岱人生的最後時光，如今僅能得匆匆數瞥。從其詩文，張岱深深思念降生時母親誦念的白衣大士咒，已是高齡八十一。又過了一年，他做了一首簡單題為〈己未元旦〉的短詩。其時南方內戰方殷，有前明叛賊正在起事反清，或許是思及戰鬥可期，詩中多少嗅出張岱的熱血昂揚，原來同為中國求長壽的松鶴象徵，好像也有了絃外之音：

老人長係念，子弱不勝衣。戟起詞鋒利，肌分理窟微。
松癯不待老，鶴瘦豈因飢？今到繁華地，還須戰勝肥。[41]

世人所知張岱親手寫下的最後作品，完稿於康熙十九年（一六八〇年）陰曆八月，約當他八十四歲生日之時。[42]它其實是一篇序，書則尚未完成，名為《有明於越三不朽圖贊》。序中可知，即便已晚年遲暮，張岱還忙於構思如何編纂歷史。他在序文自陳，好幾年來他如何忙於編寫一部不朽人物群像的著作，尤其是「立德、立功、立言以三不朽垂世者」，正是他不斷蒐集圖像且加以評點的對象。張岱寫道，徐渭之孫徐沁成了他的合作夥伴，陪著他在紹興一帶挨家挨戶穿梭，四處尋訪那些願意提供史料圖像的人。

隨著登門求像的消息傳開，張岱描述，不少人因此「或千里而惠寄一像」，雖然也有其他人家，「或數載而未獲一圖」。

張岱蒐集的圖像越多，這些夙昔典範就越深植他的生命，影響越深：「見理學諸公則自愧衾影，見忠孝諸公則自慚有愧忠孝，見清介諸公則自恨糾纏名利，見文學諸公則自悔枉讀詩書，見勳業諸公則自惜空蝗粱黍，見文藝諸公則惟恐莫名寸長。以此愧厲久之，震懾精神，嚴憚丰采，寤寐之地如或遇之，其奮發興起，必有不知手之舞之，足之蹈之者矣。」[43]

張岱與徐沁總共蒐集了一百零八張圖像。想當然爾，其中有許多人張岱不認識。其他如高祖天復、曾祖文恭，在他出生前便已辭世，但其遺澤深深烙印在張岱的成長過程。而有幸今生得見者，更直接造就他往後的人生與思維方式。這些人不惟有祖父張汝霖、朱恭人的父親朱賡和二叔張聯芳，還包括朱恆岳這位精於帶兵、吃食百無禁忌的將帥，張岱前去弔唁他時曾於海塘上觀潮。當然，張岱的兩位知交陳洪綬、祁彪佳，同遊塘上這傳奇一幕，看水花轟怒熗碎，也亦在內。兩人皆微微而笑，祁彪佳穿著錦袍，陳洪綬則作布衣打扮。張岱在康熙十九年（一六八〇年）寫道：「……滙成一集，以壽棗梨，供之塾堂，朝夕禮拜，開卷晤對。」張岱說他企盼這些人像連同贊語能「垂示無窮」，且「所望於後之讀是書者」。序言最後是以新取的「古劍老人」署名之。[44]

這些年來，張岱雖相交滿天下，子孫滿堂，為了不讓一些人的生命平白凋零，更是長年孜孜矻矻，然而他自己的旅途終點，似乎沒有人願意不嫌麻煩為他記下個時辰或景況。[45]這樣一來，我們反倒可以隨自己的意，想像他寫完最後一篇作品時，肯定像剛分娩完的瘋女子一樣，立刻叫人拿火來，查看他視為心頭肉的孩子是否身形健全。又或者，我們亦可想像，跟許多張家人的坐姿如出一轍，他彎坐於書几，凝視著最後蒐集到的史料圖像：有個老人突然發覺自己如鬼使神差般手舞足蹈起來。

註釋

1 **張岱的兒子們**　《張岱詩文集》，頁三十二，順治十一年，甲午年。這段文字摘取自一首長詩。

2 **陶潛的兒子們**　海陶瑋，《陶潛的詩》，頁一六三至一六四，第四十五首詩，〈責子〉。

3 **西湖殘破**　張岱的《西湖夢尋》序文，見《張岱詩文集》，頁一四四至一四五。全文譯文，見宇文所安編，《中國文學作品選》，頁八一九至八二〇，以及葉揚，《晚明小品文》，頁一〇二至一〇三。這是張岱最有名的另一篇文章。

4 **海上歸來**　宇文所安編，《中國文學作品選》，頁八二〇；《張岱詩文集》，頁一四五。張岱以同一意象，描述中國戲班技藝的精妙，但意思不太相同。見《陶庵夢憶》，卷四，篇十二；Brigitte Teboul-Wang法譯，《陶庵夢憶》，#58，頁八十四。

5 **谷應泰的著書處**　胡益民，《張岱評傳》，頁三六一至三六二；《清代名人傳略》，頁四二六；谷應泰修撰的書是《明史紀事本末》。清進士表顯示，谷應泰是順治四年進士，名列二甲第五名。汝方（瑞陽）與《邸報》，見《張岱詩文集》，頁二六八至二七〇。張岱討論《邸報》作為史料，見《石匱書後集》，頁一二一，〈毛文龍列傳〉。劉晞儀，〈真實生活中的行動者〉（二〇〇三），頁二二〇至二二一，提到陳洪綬閱讀《邸報》。谷應泰修撰的書大量取材自張岱的作品，見胡益民，《張岱評傳》，頁九十一。有關張岱的《石匱書》及其他明史的比較，見明柔佑（Ming Yau Yau），〈張岱石匱書研究〉（A Study of Zhang Dai's Shigui shu），卷二。

6 **永樂篡位** 《石匱書》，重印本，卷三一八，頁五十三。張岱在每位皇帝本紀結尾處都撰有評論。失去皇位的建文帝，見前揭書，頁三十。

7 **三種歷史** 《石匱書》自序，《張岱詩文集》，頁九十九至一〇〇。筆者把「國史」譯為「political history」，「家史」譯為「family history」，「野史」譯為「untamed」。另見卡發拉斯（二〇〇七年），頁一八七。

8 **文恭列傳** 《石匱書》，重印本，卷三二〇，頁八十一至八十三（原始版本卷二〇一，頁四十一b至四十五）。

9 **祖父與鄧以讚** 《石匱書》，重印本，卷三二〇，頁八十四至八十五（原始版本卷二〇一，頁四十六b至四十九b）。這些資料大體上也都出現在《張岱詩文集》的祖父傳記裡。

10 **仲叔與陳洪綬** 《石匱書》，重印本，卷三一八，頁七二五（原始版本的卷數已被改過，可能是卷五十六，頁一至二）。這小篇幅的列傳，僅列五名畫家，是與《石匱書》，重印本，卷三二〇，頁一七五至一八三之〈妙藝列傳〉的畫家分別開來。這顯然是事後再增補，可能是把《石匱書後集》，頁四五八至四八六同樣所列這五個畫家的記述，全部納入《石匱書》。

11 **陳洪綬列傳** 《石匱書》，重印本，卷三一八，頁七二五。有關陳洪綬作畫時下筆奇崛道勁，可與周亮工相提並論，詳見劉晞儀，〈真實生活中的行動者〉，頁一八八至一九〇的生動描述。亦可參考金紅男，《一個贊助者的一生：周亮工與十七世紀中國的畫家》，頁七十五至七十九。

12 **利瑪竇與科學** 《石匱書》，重印本，卷三一八，頁五八九。

13 **全書總篇幅** 筆者是根據每頁字數乘以頁數加以計算。胡益民估計《石匱書》凡三百餘萬字，這個數字或許是包括《石匱書後集》得到的結果。見胡益民，《張岱評傳》，頁六十二。

14 **張岱的置之度外** 見張岱與李硯翁書，《張岱詩文集》，頁二三二至二三四。張岱告訴李硯翁，「石匱一書，泚筆四十餘載」，這個數字可能尚且包括撰寫《石匱書後集》的時間。

15 **福王** 《石匱書後集》，頁六十七至六十八。（眾朝臣之中，張岱特別點名阮大鋮與馬士英。）在〈乙酉殉難列傳〉總論中提到「砒藥虎」，見前揭書，頁二六三。

16 **魯王** 《石匱書後集》，頁八十五，〈魯王世家〉。薄曉琴書，見前揭書，頁六十七，〈明末五王世家〉總論。

17 **方國安** 《石匱書後集》，頁三九八、四〇〇，〈方國安列傳〉。

18 **妙藝列傳** 《石匱書後集》，卷六十，頁四八五至四八六，記張爾葆（仲叔）與陳洪綬。除了一字之差外，《石匱書後集》的這部分，與《石匱書》，重印本，卷三一八，頁七二五的內容吻合。〈妙藝列傳〉的討論，見劉晞儀，〈真實生活中的行動者〉（二〇〇三），頁六十八至六十九。

19 **張岱自己的歷史** 上疏魯王，《石匱書後集》，卷四十八，頁三九一至三九四。受戰爭蹂躪的江西，前揭書，卷四十六，頁三七九，第二則評論。〈祁彪佳列傳〉，前揭書，卷三十六，頁三

○七至三一一，以及頁十一張岱的廣泛評論。〈文苑列傳〉，前揭書，卷五十八，頁四七三至四七四。張岱提到，李白與杜甫俱無功名，但唐詩若無李杜，尚得為唐詩乎。

20 **死有何義** 《石匱書後集》，卷二十，頁一八三。

21 **兇酒撒潑之夫** 《石匱書後集》，卷三十二，頁二六四，總論結尾。

22 **祁彪佳自沉** 《祁彪佳集》，頁二二一至二二二。

23 **張岱的辯駁** 《張岱詩文集》，頁三九二。

24 **祁彪佳的抉擇** 《石匱書後集》，卷三十六，頁三一一，筆者把「敏」譯為「shrewd」。

25 **張培之死** 《張岱詩文集》，頁二八二，提到卒於何時，但並未解釋死因。張培生於萬曆三十五年。康熙二年張培去世之時，要晚於五異人傳中的其他事情，所以這段可能是後來添加的。張岱為張培所寫的祭文，見前揭書，頁三五六至三五七。

26 **肯定張岱的史家** 其中有查繼佐、談遷與毛奇齡。（查、毛生平見《清代名人傳略》。）這段時期的資料，見胡益民，《張岱評傳》，頁三六八；以及前揭書，頁七十二、八十九至九十，記徐渭的孫子徐沁。

27 **學農詩** 《張岱詩文集》，頁三十六，挑糞；頁三十，養蠶，包括論學問與經濟。

28 **舂米** 《張岱詩文集》，頁三十五。梁鴻與妻子孟光，載於《後漢書．逸民列傳》。

29 **老妾** 《張岱詩文集》，頁三十一。頁三十二，在另一首詩中，張岱稱這兩個女人「老妾甚尪贏」。張岱並未提到年輕妾侍。

30 **自為墓誌銘**　《張岱詩文集》，頁二九四至二九六，這是張岱最有名的短文。全文譯文，見葉揚，《晚明小品文》，頁九十八至一〇一，以及卡發拉斯（一九九五年），頁二十一至二十三，幾乎全文翻譯。卡發拉斯（一九九八年），頁六十一至六十八，做了細膩的分析和長篇的翻譯。墓誌銘作為中國的特殊文類，見吳百益，《儒者的歷程：傳統中國的自傳書寫》（*Confucian's Progress: Autobiographical Writings in Traditional China*），頁二十四至三十二，〈自作墓誌銘〉。部分譯文，見卜正民，《為權力祈禱：佛教與晚明中國士紳社會的形成》，頁四十、四十三，以及黃衛總，《文人與自我再／現：十八世紀中國小說中的自傳感受》，頁四至五。筆者受益於這些譯文，不過筆者還是嘗試結合自己的翻譯。

31 **張岱的癖好**　《張岱詩文集》，頁二九五；卡發拉斯（一九九五年），頁二十一；卡發拉斯（一九九八年），頁六十三；卡發拉斯（二〇〇七年），頁五十三；卜正民，《為權力祈禱：佛教與晚明中國士紳社會的形成》，頁四十。

32 **七不解**　《張岱詩文集》，頁二九五。優美的全文翻譯，見黃衛總，《文人與自我再／現：十八世紀中國小說中的自傳感受》，頁四；坎貝爾（一九九八年），頁四十五至四十六；葉揚，《晚明小品文》，頁九十九；卡發拉斯（一九九八年），頁六十四。卡發拉斯，前揭書，頁八十，註二十九，討論他與黃衛總某些譯法的差異。筆者在此有自己的折衷譯法。

33 **碑文**　《張岱詩文集》，頁二九七；卡發拉斯（一九九八年），頁二十三。張岱以一系列歷史典故指涉自己的缺點，結束這篇墓誌銘，譯文見葉揚，《晚明小品文》，頁一〇一。

34 **闕列傳**　張岱在《石匱書後集》列傳中標示為「闕」的有吳三桂、錢謙益、洪承疇、鄭芝龍。

35 **《夢憶》新序**　《陶庵夢憶》之《粵雅堂叢書》本，頁五。「宮闕宗廟之麗」典出《論語》，十九：二十三。

36 **桃花源記**　譯文與探討，見海陶瑋，《陶潛的詩》，頁二五四至二五八；宇文所安編，《中國文學作品選》，頁三〇九至三一〇（僅收錄陶潛的序文部分）。

37 **自然曆法**　張岱的文章〈桃源曆序〉，見《張岱詩文集》，頁一一五。

38 **瑯嬛福地的故事**　張岱最早開始說這則故事，是在〈瑯嬛福地記〉，見《張岱詩文集》，頁一四八至一四九，故事情節可上溯至元朝伊世珍的《瑯嬛記》序。分析與部分譯文，見卡發拉斯（一九九五年），頁七十七至七十九。《陶庵夢憶》中的〈瑯嬛福地〉也是改寫自元朝的版本，見前揭書，頁一八三至一八四，註四九〇。

39 **祖父的林園**　《張岱詩文集》，頁一八二。

40 **張岱自己的瑯嬛**　《陶庵夢憶》，卷八，篇十三，全文翻譯，見Brigitte Teboul-Wang法譯，《陶庵夢憶》，＃95，頁一五七至一五九，以及葉揚，《晚明小品文》，頁九十七至九十八。筆者以「Be at one with the moon」，捕捉張岱結尾處「可月」用語的神韻。譯文亦可參考卡發拉斯（二〇〇七年），頁十八至十九。

41 **己未元旦詩** 《張岱詩文集》，頁九十六。原詩共三首，缺第一、二首。

42 **張岱的最後著作** 序文見胡益民，《張岱評傳》，頁八十九至九十，以及一九七三年臺灣重印、較為模糊的版本，卷七十七，頁三至四。康熙庚申（一六八〇年）八月等於陽曆的八月底、九月初。張岱在其〈自為墓誌銘〉中提到，他生於萬曆丁酉（一五九七年）八月二十五日。見《張岱詩文集》，頁二九六。

43 **追求人生境界** 胡益民，《張岱評傳》，頁九十。

44 **畫像** 張岱與徐沁，《有明於越三不朽圖贊》，一九七三年台北重印本。此處所提到的，見一九七三年重印本，頁四十一、六十七、二一三、二一九、二二三、二三七、二五九、二六一。張岱所蒐集到圖像，許多直到康熙二十八年（一六八九年）或者之後才付刻。見胡益民，《張岱評傳》，頁八十九，及重印本卷七十七，頁五至六。

45 **張岱之卒** 幾世紀以來，關於張岱卒年，有從六十九至九十二不等的諸多說法。（見胡益民，《張岱評傳》，頁三七〇，註二。）筆者接受胡益民的推算，張岱卒於康熙十九年（一六八〇年）庚申八月，依據中國人的算法，張岱享壽八十四歲。見胡益民，前揭書，頁七十一至七十八，更深入的探討。

Shanghai: Shanghai guji chubanshe, 2001.

——. *Yehang chuan* [The night ferry], ed. Tang Chao. Chengdu: Sichuan wenyi chubanshe, 1998, rev. ed. 2004.

——. [*ZDSW*], *Zhang Dai shiwenji* [The collected poetry and short prose of Zhang Dai], ed. Xia Xianchun. Shanghai: Guji chubanshe, 1991.

Zhang Dai and Xu Qin. *Youming yüyue sanbuxiu tuzan* [Portraits with commentary of the imperishable worthies of the Shaoxing region in the Ming], 1918 ed. with preface by Cai Yuanpei, reprinted in the *Mingqing shiliao huibian,* series 8, vol. 77, pp. 1–272, Taipe: Wenhai chubanshe, n.d. (1973?) boxed ed. in four vols., Shaoxing Library. Beijing: Chinese Archive Publishers, 2005.

Zhang Rulin. "Xishi chaoyan xiaoyin" [A short introduction to the Western scholar's moral teachings], included in Yang Tingyun, ed., *Juejiao tongwenji* [1615].

Zi, Etienne. *Pratique des examens littéraires en Chine* [The Chinese system of civil examinations]. Shanghai, *Variétés Sinologiques,* no. 5. 1894.

（「參考書目」請自第 271 頁左翻）

——. *Kuaiyuan daogu* [Times past in the Happiness Garden], vol. 1, *juan* 1–5, and vol. 2 *juan* 12–15. Preface, signed by Zhang Dai at Dragon Mountain, 1655. (Ms in Shaoxing Municipal Library.)

——. *Kuaiyuan daogu* [Times past in the Happiness Garden], dated 1655, transcribed by Gao Xuean and She Deyu. Hangzhou, Zhejiang: Zhejiang guji chubanshe, 1986.

——. *Langhuan Wenji* [Collected writings from the land of Langhuan]. Shangai: Zhongguo wenxue, 1935 (reprint of 1877 edition).

——. *Mingji shique* [Ming supplement to the *Shique*], n.d. Taipei: Xuesheng shuju, 1969.

——. [*SGS*], *Shigui shu* [Book of the stone casket]. Combined mss. from Nanjing and Shanghai Libraries, 208 *juan,* in *Xuxiu siku quanshu* [Continuation of the Four Treasuries], vols. 328–320. Shanghai: Shanghai guji chubanshe,? 1995.

——. [*SGSHJ*] *Shigui shu houji* [The sequel to the book of the stone casket], 63 *juan.* Taipei: Zhonghua shuju, 1970.

——. *Shique* [Historical gaps], n.d., 14 *juan,* (1824). Reissued Taipei: Huashi chubanshe, 1977.

——. *Sishu yu* [The four books, transforming encounters]. Hangzhou, Zhejiang: Zhejiang guji chubanshe, 1985.

——. [*TM*], *Taoan mengyi* [The dream recollections of Taoan], ed. Chen Wanyi, Taipei: Jinfeng chubanshe, nd.

——. *Taoan mengyi* [The dream recollections of Taoan], ed. Xia Xianchun. Shanghai: Shanghai guji chubanshe, 2001.

——. [*T-W*], *Taoan mengyi: souvenirs rêvés de Tao'an* [Taoan's dream recollections], tr. Brigitte Teboul-Wang. Paris: Gallimard, 1995.

——. *Xihu Mengxun* [Tracing West Lake in a dream], ed. Xia Xianchun.

Xia Xianchun. *Mingmo qicai—Zhang Dai lun* [Talents of the late Ming—The case of Zhang Dai]. Shanghai: Shehui Kexue yuan, 1989.

Xiuning xianzhi [Gazetteer of Xiuning County Anhui], 8 *juan* [1693], ed. Liao Tenggui, 3 vols. Taipei: Chengwen chubanshe reprint, 1970.

Xue Yong. "Agrarian Urbanization: Social and Economic Changes in Jiangnan from the Eighth to the Nineteenth Century." PhD thesis, Yale University, Dept. of History, 2006.

Yang Tingyan. *Juejiao tongwen ji* [Collected essays and translation on Western writings and Christianity], preface dated 1615, 2 *juan*.

Yanzhou fuzhi [Gazetteer of Yanzhou prefecture], comp. Yu Shenxing [1596], 6 vols. Tsinan, 1985.

Ye Yang, tr. and ed. *Vignettes from the Late Ming: A Hsiao-p'in Anthology.* Seattle: University of Washington Press, 1999.

Yi Shizhen. *Langhuan ji* [Records from Langhuan], Yuan dynasty, Baibu congshu jicheng ed., n.d., pp. 1, 2. Taiwan, 1967.

Yü Chün-fang. *Kuan-yin: The Chinese Transformation of Avalokiteśvara.* New York: Columbia University Press, 2001.

——. "P'u-t'o Shan: Pilgrimage and the Creation of the Chinese Potalaka," in *Pilgrims and Sacred Sites in China,* eds. Susan Naquin and Chün-fang Yü, pp. 190–245. Berkeley: University of Calilfornia Press, 1992.

——. *The Renewal of Buddhism in China: Chu-hung and the Late Ming Synthesis.* New York: Columbia University Press, 1981.

ZDSWJ. See Zhang Dai, *Zhang Dai shiwenji.*

Zha Jizuo [Cha Chi-tso]. *Lu Chunqiu* [Chronicle of the Lu regime], Wen xian congkan, vol. 118. Taipei, 1961.

Zhang Dai. *Gujin yilie zhuan* [Profiles of righteous and honorable people through the ages]. Zhejiang?: 1628. (Preserved in the Library of Congress.)

1984.

Tao Yuanming (Tao Qian). *Tao Yuanming ji* [Collected works of Tao Qian], ed. Wen Honglong. Taipei: Sanmin shuju, 2002.

Teboul-Wang, Brigitte. See Zhang Dai, *Taoan mengyi.*

Tian Collection, Contracts. See *Tiancang qiyue wenshu cuibian* [Traditional Chinese contracts and related documents from the Tian collection (1408–1969)], ed. Tian Tao, Hugh T. Scogin, Jr., and Zheng Qin, 3 vols. Beijing: Zhonghua Shuju, 2001.

TM. See Zhang Dai, *Taoan mengyi.*

T-W See under Zhang Dai (tr. Brigitte Teboul-Wang), *Taoan mengyi.*

Wakeman, Frederic, Jr. *The Great Enterprise: The Manchu Reconstruction of Imperial Order in Seventeenth-Century China,* 2 vols. Berkeley: University of California Press, 1985.

Waldron, Arthur. *The Great Wall of China: From History to Myth.* Cambridge: Cambridge University Press, 1992.

Wang Fan-sen. *Wanming qingchu sixiang* [Thought in the late Ming and early Qing]. Shanghai: Fudan University Press, 2004.

Watson, Burton. *Ssu-ma Ch'ien: Grand Historian of China.* New York: Columbia University Press, 1958.

Weng Wan-go. *Chen Hongshou: His Life and Art,* 3 vols. Shanghai: People's Fine Arts Publishing House, n.d.

Wu Pei-yi. "An Ambivalent Pilgrim to T'ai shan in the Seventeenth Century," in *Pilgrims and Sacred Sites in China,* eds. Susan Naquin and Chünfang Yü, pp. 65–88. Berkeley: University of California Press, 1992.

——. The *Confucian's Progress: Autobiographical Writings in Traditional China.* Princeton. N.J.: Princeton University Press, 1990.

Xia ed. *TM.* See Zhang Dai, *Taoan mengyi,* ed. Xia Xianchun.

Yuanzhang." *Ming Studies,* 50 (Fall 2004), special issue.

SGS. See Zhang Dai, *Shigui shu.*

SGSHJ. See Zhang Dai, *Shigui shu houji.*

Shaoxing fuzhi [Gazetteer of Shaoxing prefecture], revised ed., Gioro Ulana, 1792, 80 *juan;* Shanghai shudian reprint, in 2 vols., 1993.

She Deyu. *Zhang Dai jiashi* [The family history of Zhang Dai]. Beijing: Beijing chubanshe, 2004.

Shi Nai'an and Luo Guanzhong. *Shuihu zhuan* [Outlaws of the Marsh], tr. Sidney Shapiro, 2 vols. Beijing Foreign Languages Press and Indiana University Press, 1981.

Sima Qian, *Shiji,* tr. Burton Watson. *Records of the Grand Historian: Qin Dynasty* and *Han Dynasty*. New York: Columbia University Press, (1961) 1993.

Smith, Joanna F. Handlin. "Gardens in Ch'i Piao-chia's Social World: Wealth and Values in Late Ming Kiangnam." *Journal of Asian Studies,* 51:1 (Feb. 1992), pp. 55–81. (See also under Handlin, Joanna.)

Spence, Jonathan. "Cliffhanger Days: A Chinese Family in the Seventeenth Century." *American Historical Review,* 110:1 (Feb. 2005, pp. 1–10).

——. *The Memory Palace of Matteo Ricci.* New York: Viking, 1986.

——. *Treason by the Book.* New York: Viking, 2001.

Spence, Jonathan, and John E. Wills, Jr., eds. *From Ming to Ch'ing: Conquest, Region and Continuity in Seventeenth-Century China.* New Haven: Yale University Press, 1979.

Strassberg, Richard. *Inscribed Landscapes: Travel Writing from Imperial China.* Berkeley: University of California Press, 1994.

Struve, Lynn A. *The Ming-Qing Conflict, 1619–1683: A Historiography and Source Guide.* Ann Arbor, Mich.: Association for Asian Studies, 1998.

——. *The Southern Ming, 1644–1662.* New Haven: Yale University Press,

Bloomington: Indiana University Press, 1986.

Owen, Stephen. *An Anthology of Chinese Literature: Beginnings to 1911.* New York: W. W. Norton, 1996.

——. *Remembrances: The Experience of the Past in Classical Chinese Literature.* Cambridge, Mass.: Harvard University Press, 1986.

Pollard, David. *The Chinese Essay.* London: Hurst, 2000.

Qi Biaojia. *Ming qupin jupin* [Ming dramas and plays], ed. Zhu Shangwen. Tainan: Yen wen, 1960.

——. *Qi Biaojia ji* [Collected writings of Qi Biaojia]. Shanghai: Guohua shuju, 1960.

——. *Qi Zhongmin Gong riji* [The diary of Qi Biaojia], 10 vols. Shaoxing County Gazetteer Revision Committee, 1937.

——. *Qi Zhongmin Gong riji* [The diary of Qi Biaojia], 15 *juan*, in *Qi Biaojia wengao,* 3 vols., pp. 921–1447. Beijing: Shumu wenxian, 1992.

——. "Yuezhong yuanting ji" [Record of the gardens and pavilions of Shaoxing] in *Qi Biaojia ji* [Collected writings of Qi Biaojia], *juan* 8, pp. 171–219. Shanghai: Zhongua shuju, 1960.

Qian Haiyue. *Nanming shi* [History of the southern Ming], 14 vols. Beijing: Zhonghua Shuju, 2006.

Qingjiang xianzhi [Gazetteer of Qingjiang County], 5 vols., comp. Pan Yi [1870]. Taipei: Chengwen chubanshe reprint, 1975.

Qingshi [History of the Qing dynasty], comp. Guofang yanjiu yuan, 8 vols. Taipei: Lianhe chubanshe, 1961.

Ricci, Matteo. *Qiren shipian* [Ten chapters on the subtle men], in *Tianxue chuhan* [Collected writings on Catholicism], vol. 1, comp. Li Zhizao. Taiwan: Taiwan Students Press reprint, 1965.

Schneewind, Sarah, ed. "The Image of the First Ming Emperor, Zhu

1979.

Liu Shi-yee. "An Actor in Real Life: Chen Hongshou's Scenes from the Life of Tao Yuanming." PhD dissertation, Yale University, Dept. of the History of Art, 2003.

Lovell, Julia. *The Great Wall: China against the World, 1000 BC-AD 2000.* London: Atlantic Books, 2006.

Mair, Victor, ed. *The Columbia Anthology of Traditional Chinese Literature.* New York: Columbia University Press, 1994.

Mengjin xianzhi [The Gazetteer of Mengjin County, Henan], ed. Xu Yuancan, 1709. Taiwan: Cheng-wen chubanshe reprint, 1976.

Meyer-Fong, Tobie. *Building Culture in Early Qing Yangzhou.* Stanford, Calif.: Stanford University Press, 2003.

Mingshi [History of the Ming], ed. Zhang Tingyu, 1739, 336 *juan.* Taipei: Guofang yanjiuyuan reprint, 6 vols., 1963.

Ming Shilu (Shenzong) [Veritable records of the Wanli reign], ed. Yao Guangxiao et al., in 3375 *juan.* Nanjing, 1940.

Ming Yau Yau. "A Study of Zhang Dai's *Shigui shu,*" 2 vols. MPhil thesis, University of Hong Kong, December 2005.

Mittler, Barbara. *A Newspaper for China? Power, Identity, and Change in Shanghai's News Media, 1872–1912.* Cambridge, Mass.: Harvard University Asia Center, 2004.

Mote, F. W. *Imperial China 900–1800.* Cambridge, Mass.: Harvard University Press, 1999.

Nienhauser, William H., Jr., ed. *The Grand Scribe's Records,* vol. 7, "The Memoirs of Pre-Han China by Ssu-ma Ch'ien." Bloomington: Indiana University Press, 1994.

——. *The Indiana Companion to Traditional Chinese Literature.*

——. *Zhang Dai yanjiu* [A study of Zhang Dai]. Hefei, Anhui: Haitang Wencong, 2002.

Huang Guilan. *Zhang Dai shengping ji qi wenxue* [Zhang Dai's life and literature]. Taipei: Wenshizhe chubanshe, 1977.

Huang, Martin W. *Literati and Self-Re/Presentation: Autobiographical Sensibility in the Eighteenth Century Chinese Novel.* Stanford, Calif.: Stanford University Press, 1995.

Huang, Ray. *1587, A Year of No Significance: The Ming Dynasty in Decline.* New Haven: Yale University Press, 1981.

Hucker, Charles O. *The Censorial System of Ming China.* Stanford, Calif.: Stanford University Press, 1966.

——. *A. Dictionary of Official Titles in Imperial China.* Stanford, Calif.: Stanford University Press, 1985.

Kafalas, Philip A. *In Limpid Dream: Nostalgia and Zhang Dai's Reminiscences of the Ming.* Norwalk, Conn.: East Bridge, 2007.

——. "Nostalgia and the Reading of the Late Ming Essay: Zhang Dai's Tao'an Mengyi." PhD thesis, Stanford University, Dept. of Asian Languages, 1995.

——. "Weighty Matters, Weightless Form: Politics and the Late Ming *Xiaopin* Writer." *Ming Studies,* 39 (Spring 1998), pp. 50–85.

Kim, Hongnam. *The Life of a Patron: Zhou Lianggong (1612–1672) and the Painters of Seventeenth-Century China.* New York: China Institute, 1996.

Legge, James, tr. *The She King,* or *The Book of Poetry,* in his *The Chinese Classics,* vol. 4, Preface. Hong Kong, 1871.

Lévy, André. *Inventaire analytique et critique du conte chinois en langue vulgaire* [Analytical and critical inventory of vernacular Chinese tales]. *Mémoires,* vol. 8–2. Paris: College de France, Institut des hautes etudes chinoises,

Dictionary of Ming Biography, 1368–1644, eds. L. Carrington Goodrich and Chaoying Fang, 2 vols. New York: Columbia University Press, 1976.

Dott, Brian R. *Identity Reflections: Pilgrimages to Mount Tai in Late Imperial China.* Cambridge, Mass.: Harvard University Asia Center, 2004.

ECCP. See *Eminent Chinese of the Ch'ing Period.*

Elman, Benjamin A. *A Cultural History of Civil Examinations in Late Imperial China.* Berkeley: University of California Press, 2000.

Eminent Chinese of the Ch'ing Period (1644–1912), ed. Arthur W. Hummel, 2 vols. Washington, D.C.: The Library of Congress, 1943.

Fang Chao-ying. "Chang Tai" [Zhang Dai]. Biographical essay in *Eminent Chinese of the Ch'ing Period,* ed. Arthur Hummel, vol. 1, Washington, D.C.: The Library of Congress, 1943, pp. 53–54.

Finnane, Antonia. *Speaking of Yangzhou: A Chinese City, 1550–1850.* Cambridge, Mass.: Harvard University Asia Center, 2004.

Hammond, Kenneth J. "The Decadent Chalice: A Critique of Late Ming Political Culture." *Ming Studies,* 39 (Spring 1998), pp. 32–49.

Hanan, Patrick. *The Invention of Li Yu.* Cambridge, Mass.: Harvard University Press, 1988.

Handlin, Joanna F. *Action in Late Ming Thought: The Reorientation of Lü K'un and Other Scholar-Officials.* Berkeley: University of California Press, 1983.

Hansen, Valerie. *The Open Empire: A History of China to 1600.* New York: W. W. Norton, 2000.

Hightower, James R. *The Poetry of T'ao Ch'ien.* Oxford: Clarendon Press, 1970.

Hu Yimin. *Zhang Dai pingzhuan* [A critical biography of Zhang Dai]. Nanjing: Nanjing University Publishers, 2002.

Visual Culture in Seventeenth Century China." PhD thesis, Brown University, Dept. of History of Art and Architecture, Sept. 2003.

Chow Kai-wing. *Publishing, Culture, and Power in Early Modern China.* Stanford, Calif.: Stanford University Press, 2004.

——. "Writing for Success: Printing, Examinations and Intellectual Change in Late Ming China." *Late Imperial China,* 17:1 (June 1996), pp. 120–57.

Chuang-tzu [Zhuangzi]. tr. Burton Watson. *The Complete Works of Chuang-tzu.* New York: Columbia University Press, 1968.

Clunas, Craig. *Fruitful Sites: Garden Culture in Ming Dynasty China.* London: Reaktion Books, 1996.

——. *Superfluous Things: Material Culture and Social Status in Early Modern China.* Urbana and Chicago: University of Illinois Press, 1991.

Cole, James H. *Shaohsing: Competition and Cooperation in Nineteenth-Century China.* Monograph no.44. Tucson, Ariz.: Association for Asian Studies, 1986.

Confucius. *The Analects (Lun yü),* tr. D. C. Lau. New York: Penguin Books, 1979.

Cutter, Robert Joe. *The Brush and the Spur: Chinese Culture and the Cockfight.* Hong Kong: Chinese University Press, 1989.

DMB. See *Dictionary of Ming Biography.*

Dardess, John W. *Blood and History in China: The Donglin Faction and Its Repression, 1620–1627.* Honolulu, Hawaii: University of Hawaii Press, 2002.

D'Elia, Pasquale. *Fonti Ricciane* [Sources on Matteo Ricci], 3 vols. Rome: Libreria dello Stato, 1942–49.

Des Forges, Roger V. *Cultural Centrality and Political Change in Chinese History: Northeast Henan in the Fall of the Ming.* Stanford, Calif.: Stanford University Press, 2003.

參考書目

Barmé, Geremie, ed. *Lazy Dragon: Chinese Stories from the Ming Dynasty*. Hong Kong: Joint Publishing Co, 1981.

Brokaw, Cynthia J. *The Ledgers of Merit and Demerit: Social Changes and the Moral Order in Late Imperial China*. Princeton, N.J.: Princeton University Press, 1991.

Brook, Timothy. *The Confusions of Pleasure: Commerce and Culture in Ming China*. Berkeley: University of California Press, 1998.

——. *Praying for Power: Buddhism and the Formation of Gentry Society in Late-Ming China*. Cambridge, Mass.: Council on East Asian Studies, Harvard University, 1993.

Cahill, James. *The Painter's Practice: How Artists Lived and Worked in Traditional China*. New York: Columbia University Press, 1994.

The Cambridge History of China, The Ming Dynasty, 1368–1644, vol. 7, pt. 1, and vol. 8, pt. 2, eds. Denis Twitchett and Frederick W. Mote. Cambridge: Cambridge University Press, 1988–98.

Campbell, Duncan. "The Body of the Way Is without Edges: Zhang Dai (1597?–1684) and His Four Book Epiphanies." *New Zealand Journal of East Asian Studies*, 6:1 (June 1998), pp. 36–54.

Chang, Kang-I Sun. *The Late Ming Poet Ch'en Tzu-lung: Crises of Love and Loyalism.* New Haven: Yale University Press, 1991.

Chen Hui-hung. "Encounters in Peoples, Religions, and Sciences: Jesuit

歷史與現場 238

前朝夢憶——張岱的浮華與蒼涼

Return to Dragon Mountain : memories of a late Ming man

作　　者—史景遷
譯　　者—溫洽溢
主　　編—鍾岳明
校　　對—羅杰宏
責任企畫—劉凱瑛
美術設計—Poulenc
總 編 輯—余宜芳
董 事 長—趙政岷
出 版 者—時報文化出版企業股份有限公司
108019台北市和平西路三段二四〇號四樓
發行專線／（〇二）二三〇六—六八四二
讀者服務專線／〇八〇〇—二三一—七〇五、（〇二）二三〇四—七一〇三
讀者服務傳真／（〇二）二三〇四—六八五八
郵撥／1934-4724時報文化出版公司
信箱／一〇八九九臺北華江橋郵局第九九信箱
時報悅讀網—www.readingtimes.com.tw
電子郵件信箱—ctliving@readingtimes.com.tw
人文科學線臉書—http://www.facebook.com/jinbunkagaku
法律顧問—理律法律事務所　陳長文律師、李念祖律師
印　　刷—勁達印刷有限公司
初版一刷—二〇〇九年二月六日
二版一刷—二〇一六年八月十二日
二版二刷—二〇二三年八月二十四日
定　　價—新台幣三〇〇元

前朝夢憶：張岱的浮華與蒼涼 / 史景遷(Jonathan D. Spence)著；
溫洽溢譯. -- 二版. -- 臺北市：時報文化, 2016.08
面；　公分. -- (歷史與現場；238)

譯自：Return to Dragon Mountain : memories of a late Ming man

ISBN 978-957-13-6738-5(平裝)

1.(明)張岱　2.傳記　3.中國

782.869　　　105013530

ISBN: 978-957-13-6738-5
Printed in Taiwan